BIBLIOTHÈQUE
DE PHILOSOPHIE CONTEMPORAINE

LA
RÊVERIE ESTHÉTIQUE

ESSAI SUR LA PSYCHOLOGIE DU POÈTE

PAR

PAUL SOURIAU
Professeur à l'Université de Nancy.

PARIS
FÉLIX ALCAN, ÉDITEUR
LIBRAIRIES FÉLIX ALCAN ET GUILLAUMIN RÉUNIES
108, BOULEVARD SAINT-GERMAIN, 108
1906

LA
RÊVERIE ESTHÉTIQUE

LA
RÊVERIE ESTHÉTIQUE

ESSAI SUR LA PSYCHOLOGIE DU POÈTE

PAR

PAUL SOURIAU

Professeur à l'Université de Nancy

———

PARIS

FÉLIX ALCAN, EDITEUR

LIBRAIRIES FÉLIX ALCAN ET GUILLAUMIN RÉUNIES

108, BOULEVARD SAINT-GERMAIN, 108

—

1906

LA RÊVERIE ESTHÉTIQUE

INTRODUCTION

Ce livre est une enquête de pure psychologie. Nous voulons nous rendre compte, le plus exactement que nous le pourrons, des effets que produit sur nous la poésie, et du travail intérieur par lequel elle s'élabore dans notre esprit.

Doit-on craindre que cette exploration indiscrète ne retire à la poésie quelque chose de son charme ? Nous ne le pensons pas. Seules les choses vulgaires perdent à ce qu'on les explique. La poésie, si réellement elle mérite d'être admirée, doit résister à cette épreuve.

Soit par exemple le sentiment poétique que nous donne la contemplation de la nature. On se sait gré à soi-même de l'éprouver, comme s'il avait un caractère de noblesse et de dignité. Pour savoir si cet état d'âme particulier mérite qu'on lui attache tant de prix, il faut chercher en quoi il consiste. Peut-être n'est-il qu'un état passif où la conscience s'engourdit, quelque chose d'analogue à l'extase béate de l'ivresse. Alors cette impression que l'on a de s'élever à un état supérieur où le

Moi se dilate et s'amplifie n'est plus qu'une illusion. Mais si l'on discerne dans ce sentiment une réelle activité mentale, un afflux d'idées et d'émotions, un chant intérieur dont nous accompagnons notre contemplation, alors il reprend toute sa valeur. — Soit encore le travail de l'invention poétique. Nous n'entendons nullement le déprécier en l'analysant par le détail ; car la suite d'opérations mentales qui aboutit à la composition d'un poème est une chose aussi intéressante en soi, aussi curieuse, aussi admirable que le poème lui-même.

Qu'un poète médiocre défende le secret de son travail avec un soin jaloux ! Son œuvre en effet nous paraîtra d'autant plus mesquine que nous en démêlerons mieux l'artifice. Mais un grand poète pourrait impunément nous faire assister à la genèse de ses poèmes. Ses hésitations, ses reprises, ses scrupules d'écrivain témoignent de sa conscience artistique ; les ratures même de son manuscrit sont à sa gloire.

Il nous faut dire maintenant quelques mots de la méthode que nous comptons employer.

La poésie est une chose idéale et purement psychique que nous ne pouvons percevoir au dehors, mais seulement en nous-mêmes, au plus profond de notre conscience. Qui ne la trouverait pas en soi ne pourrait même s'en faire une idée. C'est donc en soi-même que chacun devra l'observer tout d'abord.

Cette observation est difficile et délicate. Dans nos moments de contemplation poétique ou d'inspiration, nous ne songeons guère à nous analyser. Bon nombre de faits ne peuvent être étudiés qu'après coup, dans le rappel plus ou moins fidèle de nos impressions antérieures. Il faut en prendre notre parti. L'expérience personnelle, quels que soient ses défauts, peut seule nous faire percevoir ce qu'il y a d'essentiel et de caractéristique dans la poésie.

Est-ce à dire que nous ne puissions user d'aucun autre procédé d'information? Non sans doute. Nous échangerons nos confidences. Chacun pourra s'informer de ce qu'auront observé les autres.

Nous aurons, pour élargir notre enquête, l'œuvre écrite des poètes et des romanciers : source précieuse d'informations où nous puiserons à loisir. Une page de roman, une pièce de vers est un document psychologique de premier ordre. Les poètes sont de fins analystes, aussi exercés que les psychologues de profession à l'observation intérieure et à la description des états de conscience. Nous les relirons, pour retrouver dans cette sorte de lecture expérimentale les émotions qu'ils nous avaient autrefois données, et que cette fois notre attention avertie saura mieux percevoir.

Nous mettrons aussi à contribution, chaque fois que cela nous sera possible, les plus récentes enquêtes de la psychologie. Peut-être ne nous fourniront-elles, sur le sujet qui nous occupe, qu'un petit nombre d'observations rigoureuses, scientifiquement établies. Si brèves qu'elles soient, ces indications nous seront précieuses. Elles nous permettront de reprendre pied sur un terrain plus ferme ; elles nous apprendront à ne rien affirmer à la légère. Plus les faits que nous aurons à étudier seront indécis et difficilement observables, plus nous devrons nous efforcer de mettre de précision et de méthode dans notre investigation. Nous allons entrer dans le domaine des vagues rêveries, des illusions et des mirages : nous risquerions d'y perdre l'esprit de précision. La psychologie expérimentale nous le rendra. Celui qui chemine hésitant dans le brouillard, s'il aperçoit à travers ces vapeurs flottantes quelque objet fixe et connu sur lequel il puisse s'orienter, se rassure et marche d'un pas plus ferme : ainsi, dans les régions un peu troubles de la psychologie que nous allons explorer, nous serons heureux de rencontrer quelques faits solides, précis, qui nous servent de points de repère et nous rendent le sentiment de la réalité.

Telle est donc la méthode qui nous est imposée par la nature même de notre sujet. D'abord l'observation intime. Puis, pour la contrôler et la compléter, l'information extérieure.

CHAPITRE PREMIER

DÉFINITION PSYCHOLOGIQUE DE LA POÉSIE

Le sens même du mot de poésie étant quelque peu
flottant, il est bon d'indiquer en quel sens nous comptons le prendre. Le mot de poète a été pris à l'origine
dans un sens assez restreint, pour désigner l'auteur d'un
ouvrage en vers. Si l'on s'en tenait à cette signification,
nous pourrions marquer d'un trait net le champ de la
poésie : elle serait tout entière contenue dans l'art des vers.

Mais le sens du mot s'est peu à peu déplacé.

L'usage est venu d'appeler poétiques tous les objets
qui produisent sur nous une impression analogue à celle
que produisent les beaux vers ; en eux tous nous disons
qu'il y a de la poésie. C'est en ce sens large que nous
prendrons le mot ; autrement dit, c'est de cette poésie-
là que nous entendons parler.

On voit comme s'amplifie le champ de notre enquête.
Nous n'aurons plus à étudier seulement la poésie des
vers, mais aussi celle de la prose. Prise même dans son
ensemble, l'œuvre écrite de tous les prosateurs et versificateurs réunis ne représente qu'une infime partie de
la poésie totale qui sous les formes les plus diverses

émane incessamment de l'âme humaine. N'oublions pas
celle que nous mettons dans l'art, dans la contemplation de la nature, dans nos souvenirs, dans nos regrets,
nos espoirs et nos amours, dans toutes les belles heures
de notre existence : poésie non écrite, poésie vivante, qui
dépasse infiniment l'autre ! C'est sur ces modes étrangement variés de la conception poétique que devra porter
notre étude. Cette variété du reste ne doit pas nous
inquiéter. Elle ne peut que faciliter notre tâche. Plus il
y aura de diversité entre les objets que nous qualifions de
poétiques, plus il y aura chance pour que le caractère
commun et peut être unique par lequel ils doivent tous
se ressembler nous apparaisse en pleine évidence.

§ 1. — ÉLÉMENT INTELLECTUEL. — LA RÊVERIE.

Songeons à diverses occasions où il nous ait été donné
d'éprouver une impression vraiment poétique ; recueil-
lons-nous dans ces souvenirs, et essayons de nous définir ce qu'il y avait alors de *particulier* dans notre disposition mentale. Nous reconnaîtrons qu'elle se caractérisait
par l'allure particulière que prenait notre pensée. Cette
disposition intellectuelle est assez connue, assez nettement différenciée pour que nous puissions la désigner d'un mot : *c'est un état de rêverie*. Essayons d'en
déterminer les caractères psychologiques.

De la pleine lucidité d'esprit à l'activité mentale qui
peut subsister dans le sommeil profond, il y a des degrés
à l'infini. La rêverie est dans les degrés intermédiaires.
Pour la caractériser, il faut la différencier des deux états
extrêmes entre lesquels elle est comme balancée, la réflexion et le songe.

Réfléchir, c'est appliquer son esprit à un sujet précis. Le plus souvent, c'est se poser une question déterminée, à laquelle il faut trouver une réponse. Plus l'effort de réflexion est intense, plus étroit est le champ dans lequel on laisse l'esprit se mouvoir, l'effort consistant justement à s'interdire toute distraction et à resserrer autant que possible sa pensée, en la rappelant, dès qu'elle tente de s'en écarter, à la question. La réflexion marche vers un but; elle s'impatiente des retards et des détours; elle veut arriver; elle a hâte d'en finir. Le plus souvent même, elle se fixe un dernier délai pour arrêter sa décision.

Laissez la réflexion se détendre un peu, vous aurez la méditation. On pense, mais à loisir. On enferme encore son esprit dans une enceinte limitée, mais assez large pour qu'il puisse s'y mouvoir avec une certaine aisance. L'allure mentale est différente. Les pensées de réflexion convergent vers un centre. Les pensées de méditation sont plutôt divergentes. Elles se forment par perpétuelle digression, en s'écartant de l'idée centrale et fixe, qui est l'objet propre de notre méditation. On les croirait incohérentes. Elles peuvent en effet n'avoir entre elles d'autre rapport que leur communauté d'origine, comme ces étoiles filantes qui par les belles nuits d'août s'éparpillent dans le ciel, émanant toutes d'un même radiant.

La rêverie est toute spontanée. Aucun effort. Aucune contrainte. Plus de limites tracées d'avance. Les images se suivent, l'une appelant l'autre, au hasard des associations. La rêverie n'a pas de but; elle ne cherche rien; insouciante, distraite, elle suit sa pente; elle va où la mène son caprice. C'est le laisser aller mental. Quand après quelques instants de contemplation rêveuse on

revient à soi, on est toujours surpris du chemin que
l'esprit a parcouru sans y penser.

Une des particularités de l'état de rêverie, c'est le
caractère concret de ses représentations. Dans l'acte de
réflexion, quand nous pensons aux choses, nous ne
prenons pas la peine d'en évoquer l'image intégrale.
Notre but étant pratique, nous cherchons à abréger le
plus possible l'opération mentale, à l'alléger de toute
représentation inutile. Loin d'appeler les images, nous
les écartons plutôt, nous les tenons à l'état virtuel, nous
les représentons par de simples figures schématiques,
par des signes conventionnels, par des mots, par de
pures idées. Dans la rêverie au contraire les représentations n'ont plus rien d'abstrait ; elles ne nous donnent
plus l'idée, mais la vision des choses. La rêverie, étant
un congé que se donne l'esprit, écarte d'instinct tout ce
qui pourrait ressembler au travail de la réflexion. La
pensée, cherchant le repos, doit le trouver dans un mode
d'activité aussi éloigné que possible de celui dont elle
est lasse ; elle se détend en sens inverse, en se laissant
aller au cours des images.

La pensée se portera aussi sur des objets différents[1].
Dans l'état de réflexion, elle va aux faits récents ou pro-
chains, à ce que l'on vient de voir, d'entendre ou de
lire, à ce que l'on doit faire, au rendez-vous pris, à la
lettre qu'il faut écrire, aux préoccupations de la tâche
quotidienne.

1. Il est certaines opérations intellectuelles que l'on n'effectuera
jamais en rêve, parce qu'elles impliqueraient un effort d'abstraction
incompatible avec l'activité cérébrale dont nous disposons alors.
Dans une enquête faite sur cette question : *Avez-vous quelquefois
rêvé mathématiques ?* on a reçu 27 réponses, toutes, sauf une, négatives. *L'Intermédiaire des mathématiciens*, t. IX, 1902, p. 339-340.

La rêverie s'en détourne. Elle contemple le passé, de préférence le plus lointain [1]. Si elle se porte vers l'avenir, elle ne cherche pas à le préparer ; elle suppose les difficultés de l'existence résolues, tous les possibles réalisés, et elle s'en donne avec délices la représentation.

Un fait important à signaler, dans le passage de l'état lucide à la rêverie et finalement au songe, c'est l'abolition progressive de la mémoire.

Étant en pleine activité d'esprit, faites un effort pour imaginer quelque chose : vous retomberez sur quelque souvenir. Toutes les images qui vous apparaîtront seront des réminiscences de choses vues, des rappels de la réalité. Pour les modifier si peu que ce soit, à plus forte raison pour en créer de toutes nouvelles, il vous faudrait une grande application. Et plus nous sommes lucides, plus nos souvenirs ont de tendance à se reconstituer intégralement. Dans la rêverie, il n'en est pas de même, L'imagination ne s'en tient plus aux souvenirs ; elle s'émancipe ; elle prend le pas sur la mémoire. Si nous évoquons quelque épisode de notre vie passée, nous ne prenons pas la peine de le reconstituer exactement ; nous avons plutôt une tendance à le dramatiser. Nous nous replaçons en imagination devant les mêmes objets, dans la même situation ; et puis nous brodons sur ce thème ; nous nous donnons de la scène une représentation pathétique, où la fantaisie joue le plus grand rôle.

1. « Plus le sommeil est profond, plus les rêves concernent une partie antérieure de notre existence et sont loin de la réalité ; au contraire, plus le sommeil est superficiel, plus les sensations journalières apparaissent et plus les rêves reflètent les préoccupations et les émotions de la veille. » Vaschide. *Recherches expérimentales sur les rêves.* Comptes rendus de l'Académie des sciences, 17 juillet 1899.

Je constate aussi que les souvenirs, bien qu'ils ne manquent pas tout à fait de mouvement, ne me représentent que très rarement un mouvement continu, une action suivie ; ce seront plutôt des gestes, des attitudes, des scènes morcelées, fragmentaires, espacées, quelque chose comme les vignettes qui illustrent un roman ou comme une série de clichés. Les visions de souvenir sont d'ordinaire discontinues ; on dirait que la mémoire ne sait bien prendre que des instantanés. Quant à la suite des événements, nous ne nous la représentons pas, nous la reconstituons plutôt par induction.

Plus cette reconstitution du passé sera vivante et formera un tout suivi, plus il sera vraisemblable qu'elle est l'œuvre de l'imagination pure, comme ces drames soi-disant historiques où n'entrent que quelques vagues réminiscences de la réalité. Songer au passé, ce n'est pas s'en souvenir, cela demanderait trop d'effort ; c'est le faire entrer dans un rêve où il se transfigure. Et plus la rêverie se prolongera, moindre y deviendra la part du souvenir. De tant de scènes auxquelles la vie nous a fait assister et qui pourtant nous avaient émus, que gardons-nous dans notre mémoire ? Un certain nombre de souvenirs abstraits, qui d'ailleurs nous suffisent pour la pratique ; ajoutons-y le souvenir même de cette émotion. Mais comme visions précises ? Quelques tableaux. Bien peu de chose. En quelques minutes à peine, nous aurions récapitulé tous les souvenirs précis qui nous restent de la journée la plus pleine d'incidents. Si donc nous y songeons pendant des heures, il faut bien que l'imagination créatrice fasse presque tous les frais de nos représentations.

Enfonçons-nous d'un degré encore dans la rêverie.

Approchons-nous de l'hypnose. Les souvenirs s'altèrent davantage ; les images perdent leur consistance ; elles tendent à se dissocier. A la moindre secousse cérébrale, leurs précaires architectures s'écroulent, comme le morceau de sucre qui se désagrège en ruines bizarres au fond d'un verre d'eau. Elles se décomposent, pour former, au gré d'associations fortuites, des composés nouveaux. La pensée prend ainsi une plasticité étonnante. Un peu plus, elle retournerait à l'état fluide. De là cette facilité d'invention et cette allure fantasque qui caractérise la rêverie. James Sully explique la facilité avec laquelle les enfants admettent le merveilleux par l'inconsistance de leurs images mentales ; dans le conte le plus fantastique, à peine s'aperçoivent-ils que la réalité soit altérée. Il en est de même pour l'adulte, quand il s'abandonne au jeu spontané de l'imagination. Nos rêveries sont plus jeunes que nous ; elles gardent une fraîcheur et une naïveté que n'a plus notre pensée réfléchie. On a depuis longtemps signalé le caractère primitif des conceptions du poète. Dans cette tendance à penser par mythes et par images, à prendre les fables au sérieux, à faire entrer l'imaginaire dans le réel au point de ne plus bien les distinguer l'un de l'autre, il ne faut pas voir un retour à nos lointaines origines. Le poète n'a pas besoin de remonter si loin pour retrouver cet état d'esprit. Il lui suffit de revenir, comme nous y revenons dans toutes nos rêveries, aux façons de penser de l'enfance.

Dans le sommeil profond, la mémoire est abolie. C'est du moins ce que j'ai constaté en moi-même. Il m'est impossible de me rappeler un seul rêve où soit entré un souvenir précis et exact de la vie réelle. S'il m'arrive, chose d'ailleurs assez rare, de revenir pendant le sommeil à des scènes de la vie réelle qui m'avaient frappé, je ne les retrouve dans mes songes que déformées, transposées. Les personnages connus qui interviennent dans l'action gardent assez bien leur caractère, leurs façons de parler et d'agir : mais leurs traits sont toujours si étrangement modifiés, que j'en suis à me demander à quoi je les reconnais dans mon rêve. Il m'arrive parfois en songe de me trouver dans une situation telle que j'aie besoin de retrouver un souvenir précis ; je rêve par exemple que je fais une conférence ; alors je constate avec angoisse que mes souvenirs s'enfuient, et je me sens réduit à un état d'abjecte ignorance. Si la mémoire est abolie, en revanche l'imagination prend une aisance surprenante ; on invente constamment, par impuissance à se souvenir. Je me souviens d'avoir une fois rêvé que je feuilletais un beau livre illustré : à chaqu] feuille que je tournais, c'était une gravure nouvelle qui m'apparaissait, et que je trouvais merveilleuse. Je m'en exagérais sans doute la beauté. Toujours est-il qu'à l'état de veille il me serait absolument impossible d'inventer ainsi, coup sur coup, et presque instantanément, des images ayant ce caractère de bizarre nouveauté.

Nous déterminerons enfin, par le même procédé de comparaison, le degré d'illusion que produisent les images de la rêverie. Quand nous sommes à l'état de veille, notre pensée, lucide et volontaire, a pleinement conscience de son activité. S'il nous plaît de nous représenter un objet, nous sentons l'effort de vision mentale par lequel nous évoquons l'image ; pas un instant nous ne songeons à la prendre pour un objet réel ; elle nous apparaît comme un objet purement idéal, que nous situons dans un monde à part, en dehors de toute réalité. Les images du songe, au contraire, nous font complètement illusion. Elles se présentent à nous toutes faites, comme le feraient des objets matériels. Le monde extérieur est d'ailleurs si loin de nous, depuis si long-temps nous avons perdu tout contact avec les choses, que rien ne peut plus rectifier l'illusion qui tend à se produire. Comment discernerions-nous le caractère idéal et subjectif de ces représentations? Tout terme de comparaison nous fait défaut; elles sont pour nous toute la réalité. Si par hasard, dans les profondeurs du sommeil, quelques perceptions ou impressions réelles arrivent jusqu'à la conscience, nous les faisons entrer dans notre rêve; elles ne font que donner plus de force à l'illusion. Pouvons-nous, en dormant, avoir conscience de rêver? Sans nier la possibilité du fait, je crois qu'il ne doit se produire que lorsqu'on se réveille à demi, ou encore dans le rêve matinal, c'est-à-dire aux approches du réveil spontané. Dans les songes du sommeil profond, l'illusion est complète. Nous sommes vraiment hallucinés.

La rêverie, étant un état intermédiaire, nous donnera l'illusion à demi-consciente. N'ayant pas eu le temps de perdre tout à fait le sentiment de la réalité, nous nous rendons encore vaguement compte du caractère idéal de nos représentations. Parfois, il est vrai, nous nous oublions dans notre rêverie; en se prolongeant, elle prend peu à peu les caractères du véritable rêve. Alors d'ordinaire elle finit tout à coup; sentant que l'on va perdre conscience de la réalité, on revient à soi d'un brusque effort, d'une sorte de secousse, comme celui qui lutte contre le sommeil et se réveille en sursaut chaque fois qu'il a manqué de s'endormir.

Tel est le mode d'activité intellectuelle qui caractérise selon nous l'état poétique. Toujours, sans exception, nous constaterons que la poésie a pour effet de déterminer en nous cette disposition spéciale : détente intellectuelle, absence de tout effort de réflexion ou d'abstraction, tendance à s'absorber dans la contemplation des images qui défilent d'un mouvement spontané dans la conscience.

Faisons la contre-épreuve. Considérons un état de conscience dans lequel l'intelligence combine des idées, réfléchisse, fasse effort pour se souvenir ou pour comprendre. Personne n'admettra que ce soient là des dispositions poétiques. Nous constatons en somme que dans tous les cas où nous éprouvons un sentiment de poésie, nous sommes en dispositions rêveuses ; et que dans tous les cas où nous n'avons aucune tendance à la rêverie, la poésie fait défaut. En bonne logique, cela nous autorise à affirmer que le mode d'activité intellectuelle qui correspond à la poésie est essentiellement un état de rêverie.

§ 2. — ÉLÉMENT ESTHÉTIQUE.

Notre définition est évidemment incomplète. Dans l'analyse que nous avons faite de l'état de conscience poétique, nous n'avons signalé que la modification produite dans le fonctionnement de l'intelligence. Nous devons trouver autre chose, et nous savons d'avance de quel côté nous devons chercher. Il serait trop étrange que dans une théorie psychologique de la poésie, le sentiment ne tînt aucune place. C'est un nouvel élément psychique qu'il nous faut rétablir dans notre définition. En l'omettant jusqu'ici, nous avons mieux fait sentir son importance.

La poésie nous donne d'abord et à tout le moins un sentiment particulier, qui doit se retrouver dans toute rêverie et ne pas se rencontrer ailleurs, le *sentiment de rêver*. Il est impossible en effet qu'un mode d'activité mentale aussi déterminé ne donne pas à notre conscience une teinte de sentiment particulière[1]. Mais ce sentiment, si caractéristique qu'il soit, est évidemment chose secondaire : il est l'effet consécutif de la modification survenue dans notre activité psychique ; il nous fait prendre conscience de cette modification, il n'y ajoute presque rien. Dans nos moments de poésie, nous sentons bien qu'il y a en nous tout autre chose que cette simple impression ; nous avons conscience d'un changement plus important dans notre manière d'être.

Dans nos contemplations les plus poétiques, toujours nous trouverons quelque sentiment pénétrant, qui peu à peu nous envahit tout entiers, au point de remplir pour ainsi dire la conscience, d'en déborder, et de nous donner le besoin d'exhaler en un soupir, en une brève exclamation, en quelques paroles expressives, cet excès d'émotion. Quand cet état contemplatif aura pris fin, les images qu'il aura fait passer dans notre esprit seront peut-être oubliées, mais l'émotion subsistera : longtemps encore après que nous serons rentrés dans la vie réelle, notre disposition morale se ressentira des sentiments dont nous étions imprégnés pendant notre rêverie ; et

1. C'est ce sentiment particulier que M. Braunschvig doit avoir en vue dans la définition qu'il donne du sentiment poétique : « Le sentiment poétique consiste dans l'impression que nous laissent des séries d'associations qui, s'éveillant dans notre esprit délivré de toute inquiétude pratique, y demeurent pour ainsi dire ouvertes. » *Le sentiment du beau et le sentiment poétique*. F. Alcan, 1904, p. 207.

nous garderons au cœur des regrets confus, de vagues espérances, des tristesses, des pitiés, des angoisses inexplicables, une impression d'avoir trouvé ou perdu quelque indicible bonheur.

La rêverie procède d'ordinaire du sentiment; c'est parce que quelque événement ou quelque vision nous a émus, que notre imagination est ébranlée et se met en mouvement. Les images qu'elle nous apporte se mettent en harmonie avec ce sentiment; elles en accentuent le caractère; nous en recevons un surcroît d'émotion; et le sentiment initial, ainsi exalté par son expression même, se trouve porté rapidement à son maximum d'intensité.

Chez tout homme l'état de rêverie est déjà par lui-même favorable au développement des sentiments; il donne à nos représentations un réalisme plus saisissant; nous ne nous faisons pas seulement une idée des choses qui peuvent nous émouvoir, nous les voyons, nous en avons la sensation. Par cela même que notre intelligence est engourdie et l'activité de l'imagination dominante, tous nos sentiments tendront plutôt à s'exagérer. En même temps ils seront plus *saturés,* plus chargés de pathétique, mieux dégagés de l'élément purement intellectuel que ceux que nous pouvons éprouver dans notre état de pleine lucidité.

Chez le poète, c'est-à-dire chez l'homme exceptionnellement imaginatif et qui par un véritable entraînement professionnel a exagéré encore cette particularité de son tempérament, les mêmes phénomènes se reproduiront à une plus haute puissance. La sensibilité sera en équilibre instable, prête à s'exalter ou à se déprimer sous le moindre prétexte; ce seront de brusques explosions d'enthousiasme, d'allégresse triomphante ou dés désespoirs, des prostrations absolues ; toutes les passions prendront le ton lyrique.

La poésie nous apparaît donc comme présentant ce caractère spécial, d'agir profondément sur la sensibilité : c'est une rêverie sentimentale. Ces mots, je le reconnais, ont quelque mollesse ; ils tendraient plutôt à désigner un état faible de l'imagination et du cœur qu'un état fort et actif : en les prononçant, on se figure un esprit qui s'en va à la dérive, d'où visions inconsistantes, des sentiments fades et affectés. Il est trop évident que ce n'est pas ainsi qu'il faut concevoir la vraie poésie. Elle nous apporte aussi, avec des images éclatantes, des sentiments intenses ; ce ne sera plus alors une rêverie sentimentale ; ce serait plutôt un rêve passionné. Ce qu'il nous faut retenir pour le mettre dans notre définition, c'est ce caractère pathétique que présentent les images suggérées par la poésie. Disons donc, pour éviter toute équivoque, qu'elle doit être une rêverie émue.

Sommes-nous arrivés au terme de notre analyse ? Suffit-il de nous laisser aller à une rêverie quelconque pour nous sentir en état poétique ? Quelque chose nous manque encore, quelque chose d'essentiel, et que pourtant par un oubli singulier un certain nombre de théoriciens ont négligé de faire entrer dans leur définition de la poésie : l'élément esthétique.

Si toute poésie est rêveuse, toute rêverie n'est pas poétique. Il y a donc quelque chose qui différencie la rêverie spécialement poétique de la rêverie banale et vulgaire, et c'est son caractère de beauté. Une rêverie dans laquelle il nous serait impossible de trouver quoi que ce soit d'esthétique, dans laquelle tout serait trivial ou laid, serait assurément dépourvue de toute poésie.

SOURIAU.   2

Toute poésie éveille en nous le sentiment du beau.
Ceci n'est pas une conjecture, une théorie plus ou
moins péniblement déduite. C'est un fait d'observation.
Dans la contemplation poétique, nous ne nous contentons pas de jouir de notre propre état de conscience.
Nous sentons qu'il y a dans cette jouissance même
quelque chose d'élevé; elle n'est pas seulement délicieuse, elle est de celles que nous nous savons gré à
nous-mêmes de ressentir. C'est presque une jouissance
d'art, que peuvent seules éprouver les âmes éprises de
beauté.

Dans une œuvre d'art, il est bien évident que la poésie est un mérite de plus, qu'elle augmente la valeur
artistique de l'œuvre, qu'elle la rend plus admirable,
qu'elle est par conséquent un véritable apport de
beauté.

De même et à plus forte raison dans les vers. Quelles
que soient leurs qualités de facture, jamais nous ne les
trouverons parfaitement beaux s'ils ne sont pas vraiment poétiques; et les plus poétiques sont ceux qui
nous semblent avoir la suprême beauté.

Il est certain que dans l'usage courant on ne désigne
pas tout à fait la même chose par les deux mots de poésie et de beauté.

L'habitude s'est établie de prendre plutôt le mot de
beauté dans un sens assez restreint, celui de beauté de
la forme, ou de beauté plastique. La beauté étant ainsi
conçue, il est trop clair qu'elle diffère de ce que nous
trouvons dans la poésie; et l'on pourra établir entre ces
deux idées toutes les oppositions que l'on voudra. —
La beauté, dira-t-on, est objective; elle consiste dans
un certain nombre de qualités qui se perçoivent immédiatement, ou dont nous pouvons juger par l'intelli-

gence ; nous ne sommes pas libres de les attribuer ou non à l'objet, elles se constatent, on peut démontrer leur réalité, et tout appréciateur compétent et de bonne foi devra la reconnaître. La poésie est tout autre chose. Elle est subjective. Seul je puis savoir si un objet est poétique ou non, puisqu'il ne l'est que pour moi et dans la mesure où il me donne une impression de poésie. C'est donc un caractère tout différent. Et c'est aussi à des objets tout différents que nous l'attribuerons. Une statue irréprochable de forme sera dite belle ; une statue gauchement exécutée, dénuée de toute beauté plastique, mais dans laquelle l'artiste aura mis une expression touchante et élevée, nous semblera poétique. Un édifice neuf et intact est plus beau ; délabré par le temps, il est plus poétique. Un paysage peut être très beau sans être poétique : ainsi une plantureuse vallée normande. Il peut être très poétique sans être beau : ainsi un étang morne, une terre triste et désolée, le désert, la mer sauvage. Sans doute le même objet peut être à la fois poétique et beau ; il n'y a pas incompatibilité entre les deux caractères. Mais quand un objet présente à la fois ces deux caractères, on les distingue encore l'un de l'autre ; on les attribue à des qualités différentes de l'objet. Ainsi, quand un vers admirablement fait est en outre d'un sentiment exquis, c'est pour les qualités de facture qu'on le déclarera beau, et pour les qualités de sentiment qu'on le trouvera poétique.

Mais si la poésie n'est pas la beauté, au sens exclusif et abusivement restreint du mot, il est impossible de lui dénier un caractère de beauté, puisqu'en fait elle nous donne le sentiment du beau. Beauté objective de forme ou beauté subjective d'expression, c'est toujours de la beauté au sens large du mot. Ce ne sont même pas deux espèces de beauté différentes ; ce sont plutôt deux choses différentes auxquelles nous reconnaissons une même qualité esthétique. Il m'en coûte un peu d'entrer dans ces distinctions verbales ; mais si faute de les faire on commet de graves erreurs d'esthétique, si la confusion des termes trouble l'observation elle-même, elles ne sont pas inutiles.

Ne tenons pourtant pas notre analyse pour terminée avant de l'avoir amenée à toute la précision désirable. J'ai dit qu'une rêverie, pour nous paraître poétique, devait nous donner le sentiment du beau à quelque degré. Est-ce tout à fait ce sentiment-là que nous donne en réalité la poésie ? Qu'elle éveille en nous un senti-ment très analogue à celui que nous donnent les belles choses, voilà ce que nous pouvons tenir pour accordé. Mais enfin, n'y a-t-il pas une différence ? Si légère qu'elle soit, elle vaudrait d'être signalée, car ce serait alors une différence spécifique, dont nous devrions tenir compte dans notre définition. Or, il semble bien que cette différence existe, et qu'il y a, dans la contem-plation poétique, une nuance de sentiment particulière, quelque chose de spécial, de caractéristique, que nous n'éprouvons pas devant les choses qui nous donnent une impression de beauté. Il y aurait donc un senti-ment du poétique, distinct du sentiment du beau, et qui donnerait à la poésie sa nuance particulière.

Pour savoir ce que nous en devons penser, quelques mots d'explication sont nécessaires. Nous en sommes ar-rivés au moment où il faudra arrêter notre définition, et c'est ici ou jamais qu'il importe d'éviter toute équi-voque.

On parle trop souvent de ce *sentiment du beau* comme

d'un sentiment simple et irréductible, aussi déterminé que l'est par exemple la sensation du bleu ou du rouge, et tellement caractéristique de la beauté qu'il nous la ferait reconnaître par sa seule présence ; quelques esthéticiens iront même jusqu'à dire qu'il la constitue vraiment, la beauté n'étant que la propriété qu'on, certains objets d'éveiller en nous ce sentiment. C'est là de l'esthétique bien rudimentaire, et surtout de la psychologie bien simpliste. En présence des belles choses, nous éprouvons, non pas *un sentiment*, mais un ensemble de sentiments très-complexe et très-variable où l'on peut distinguer de l'attrait sensible, du charme, de l'admiration, de la satisfaction intellectuelle, un plaisir de jeu, de la sympathie et de l'amour, sans compter toutes les émotions accessoires que l'objet nous donne par son expression morale particulière, et qui colorent d'une façon différente tous ces sentiments. Il est clair par exemple que nous ne trouverons pas le même charme à un chant triste qu'à un chant d'allégresse, et que si nous admirons autant l'un que l'autre, ce ne sera pas de la même manière. Il est impossible que deux objets différents, un tableau et une statue par exemple, affectent notre sensibilité de la même manière. Il y aura donc autant de variétés de sentiment du beau qu'il peut y avoir de belles choses en un genre quelconque. Certains objets exciteront plutôt la satisfaction intellectuelle, d'autres auront plus de charme ; enfin les sentiments élémentaires que nous avons énumérés, et qui eux-mêmes paraîtraient assez complexes à l'analyse, entreront à tous les degrés et en proportions indéfiniment variables dans l'émotion résultante. Ce qui fait l'unité de sentiments aussi divers et permet de les faire entrer dans une même catégorie, ce n'est donc pas leur ressemblance ; c'est leur communauté d'origine. Nous les disons tous esthétiques, parce que tous ils se rapportent à la beauté, autrement dit parce que nous les éprouvons en présence des choses que nous trouvons belles. Par beauté nous entendons donc autre chose que la propriété d'exciter tel ou tel sentiment ; et ce quelque chose, je crois l'avoir surabondamment établi ailleurs[1], c'est un caractère de perfection de l'objet. C'est autour de cette idée de perfection que se groupent et se rallient tous les sentiments esthétiques.

Revenons maintenant au sentiment du poétique. Nous en comprendrons mieux la nature. La lecture de vers très poétiques éveille-t-elle en nous quelque sentiment spécial, distinct de ceux que nous donnerait une chose très belle, mais dépourvue de toute poésie, par exemple un tableau admirablement dessiné et peint, mais dont le sujet ne parlerait en rien à l'imagination ? Sans aucun doute. L'œuvre poétique, étant de caractère tout différent, valant par de tout autres qualités, ne peut nous donner les mêmes impressions que le tableau. Comme l'admiration est ici accompagnée d'émotions diverses, elle-même sera plus émue ; elle prendra la teinte pathétique de ces sentiments. Il ne faut pas se figurer en effet que le sentiment de beauté, qu'excite en nous une œuvre pathétique par son expression morale, c'est-à-dire par les émotions diverses qu'elle nous donne, soit un phénomène tout à fait distinct, qui viendrait se plaquer en quelque sorte sur ces émotions, sans se confondre avec elles. Il entre dans notre état d'âme pour le modifier ; nous ne percevons, de ces sentiments di-

1. La *Beauté rationnelle*. F. Alcan, 1904, deuxième partie, ch. II, III, IV.

vers, que la résultante commune. L'admiration que nous éprouvons pour une chose belle, étant due aux qualités intrinsèques de l'objet, nous détache de nous-mêmes, nous porte vers lui. L'admiration que nous inspire un objet poétique est plus recueillie, plus intime, et tournée plutôt vers le dedans. Se produisant dans un moment de détente intellectuelle, elle ne sera pas vive, mais plutôt méditative, songeuse, et comme teintée elle-même de rêverie.

Non seulement la poésie nous donne des sentiments de nature spéciale, mais chaque œuvre poétique, on peut le dire, a sa teinte de sentiment particulière qui la caractérise ; et dans chaque occasion où nous éprouverons une impression de poésie, cette impression aura un caractère propre. Ainsi, quand ce seront nos propres rêveries qui prendront une tournure poétique, nous en serons plutôt charmés ; nous sentirons bien qu'il y a en elles quelque chose d'esthétique, d'harmonieux, mais nous n'aurons pas la fatuité de nous en admirer nous-mêmes. Quand au contraire nous lisons une page poétique, nous lui accordons sans réserve notre admiration.

Il y a donc bien un sentiment du poétique, très complexe lui-même et de formule variable. Mais diffère-t-il du sentiment du beau ? Il n'est qu'une des innombrables variétés de ce sentiment. C'est un sentiment esthétique, qui diffère des autres, comme diffèrent les uns des autres tous les sentiments esthétiques, en ce qu'il a sa nuance propre ; mais qui leur ressemble, comme tous se ressemblent entre eux, en ce qu'il implique une idée de perfection et de beauté.

Voici donc une première indication à retenir : c'est que la rêverie poétique nous apparaît toujours avec un certain caractère de beauté.

Mais d'où tient-elle ce caractère? Et qu'y a-t-il précisément de beau dans cet état psychique?

La beauté peut être dans les images qu'évoque notre rêverie[1].

Il est certainement des cas où nos représentations, par le don d'invention qu'elles décèlent, par leur originalité, par leur caractère idéal ou merveilleux, prennent une haute valeur esthétique.

Cette seule remarque nous permet déjà d'expliquer un certain nombre de faits qui, autrement, pourraient surprendre. Des vers que nous lisons nous donneront une impression de poésie par le seul éclat des images. Les mêmes objets, que nous nous contenterions de trouver jolis ou agréables à voir dans la nature, nous sembleront poétiques dans une évocation littéraire, parce qu'alors leur beauté sera celle d'une représentation. Une description sera plus poétique du seul fait que l'objet décrit aura en lui-même plus de beauté. Il est plus poétique de penser à quelque admirable paysage ou à quelque chef-d'œuvre de l'art qu'à des choses insignifiantes ou vulgaires. Une statue de femme en attitude pensive nous semblera plus poétique si ses formes sont élégantes et sa pose gracieuse.

Les belles choses en général sont plus favorables que les autres à la contemplation poétique ; les rêveries qu'elles peuvent provoquer, débutant sur une impression de beauté, ont chance de garder longtemps encore un caractère esthétique ; de nous-mêmes nous nous ap

----

1. C'est la qualité des images suggérées qui importe, non leur quantité. Si la poésie ne consistait que dans le pouvoir d'évoquer une série indéfinie de représentations quelconques, rien ne serait plus poétique que le mot *et cætera*.

pliquons à leur conserver ce caractère, en écartant les images triviales qui seraient en discordance avec l'objet de notre contemplation. Un objet de beauté médiocre pourra se transfigurer dans la contemplation poétique au point de prendre un caractère idéal, une sorte de beauté de rêve ; mais s'il était décidément trop laid, il nous serait très difficile de le trouver poétique, notre imagination se refusant en sa présence à évoquer des images d'un caractère esthétique. Tous ces faits se peuvent ramener à la même loi : un objet nous paraîtra d'autant plus poétique qu'il y aura, dans les images qui accompagnent sa contemplation, plus de beauté.

Il est pourtant des rêveries éminemment poétiques dans lesquelles nous n'évoquons que le souvenir d'objets vulgaires, d'événements familiers, auxquels il serait bien difficile d'attribuer un caractère esthétique. En quoi donc consistera la beauté de telles rêveries ?

Elle sera dans quelque chose de plus profond encore que les représentations intérieures, dans les émotions intimes qui accompagnent l'apparition des images. Ce sera une beauté d'expression morale.

Il faut compter, parmi les causes qui contribuent le plus efficacement à déterminer la valeur esthétique de nos rêveries, le caractère plus ou moins élevé de ces sentiments. Si le niveau moyen de nos sentiments est bas, nos rêveries seront dépourvues de noblesse ; elles-mêmes seront viles ou tout au moins mesquines. Il est au contraire des âmes naturellement si délicates, si élevées, qu'il n'en saurait rien sortir que de généreux ; ce sont par excellence les âmes de poètes.

Il ne sera pas facile, je le sais, de s'entendre sur les conditions de beauté des sentiments. C'est là un des plus hauts problèmes de l'esthétique rationnelle. Chacun sera tenté de le résoudre selon ses préférences personnelles. Pour les uns, l'idéal sera l'exquise délicatesse des impressions ; ils n'admettront qu'une poésie subtile, raffinée, toute en nuances. Pour les autres, la poésie devra être exaltée, passionnée, montée constamment au ton lyrique. Celui-ci ne sentira de poésie que dans l'amour ; celui-là, que dans les sentiments héroïques. Mais dans tous les cas, chacun déclarera poétiques par excellence les sentiments qu'il estimera les plus beaux, c'est-à-dire les plus conformes à son idéal.

Maintenant nous disposons d'informations suffisantes pour compléter notre définition. A notre première formule, qui définissait psychologiquement la poésie comme un état de rêverie, nous avons compris qu'il fallait ajouter quelque chose, et nous avons reconnu que ce devait être un sentiment de beauté. Cette beauté, nous avons constaté qu'elle était en partie dans les images que nous apporte notre rêverie, mais surtout dans les sentiments qui accompagnent leur représentation. La poésie peut donc être définie psychologiquement une rêverie accompagnée de sentiments qui nous donnent une impression de beauté. Plus simplement, nous dirons qu'elle est une rêverie *esthétique*. Ce mot, tel qu'il est généralement employé, désigne suffisamment ce que nous voulons dire : on l'emploie en effet de préférence pour désigner la beauté d'expression morale ; il implique à la fois l'émotion, et un certain caractère de beauté dû à cette émotion même. Dans tous les cas, c'est en ce sens que nous convenons de l'employer.

Notre définition se trouve ainsi complète. Nous croyons avoir déterminé l'ensemble des conditions nécessaires et suffisantes pour que se produise l'impression poétique. Toute poésie est rêverie esthétique, toute rêverie esthétique est poésie.

J'ai affirmé jusqu'ici plutôt que je ne prouvais. J'ai posé cette première et essentielle définition sans la justifier. Elle implique une généralisation qui aurait besoin d'être appuyée à tout le moins sur de nombreux exemples. C'est ce livre entier qui doit en apporter la preuve, par l'analyse détaillée que nous ferons des divers modes de la conception poétique.

CHAPITRE II

LA POÉSIE INTÉRIEURE

Par poésie intérieure j'entends celle que nous créons pour nous-mêmes, sans aucune intention de l'utiliser dans une œuvre artistique quelconque. Elle est le produit le plus spontané de la rêverie. C'est elle qu'il nous faut étudier en premier lieu, car elle est le point de départ, la source de toute inspiration ; elle est la poésie originelle dont tout le reste n'est que le développement.

Nous ne pouvons songer à déterminer la part que tient la libre rêverie dans notre existence. Il va de soi qu'elle variera avec le tempérament de chacun, avec les circonstances, avec le genre de vie que nous menons par choix ou par nécessité. La tendance à la rêverie devra être réduite au minimum chez les hommes très occupés, très affairés, chez ceux en qui domine la raison pratique, chez les hommes d'action dont toute l'énergie est tournée vers le dehors. Elle sera très forte chez les personnes douées d'une imagination active, d'une vive sensibilité, qui vivent surtout de la vie intérieure, et qui ont le loisir de s'y adonner. Il serait vain de chercher à établir une moyenne. Mais en général, je crois que la rêverie tient dans notre vie intellectuelle plus de place qu'on ne se le figure communément. Nous réfléchissons beaucoup moins, nous rêvons beaucoup plus que nous ne voudrions le reconnaître. L'attention est forcément intermittente ; la réflexion agit par efforts discontinus. Au cours même du travail mental le plus attentif, que de distractions, que de déviations de la pensée, que d'échappées dans le monde imaginaire ! Pendant que j'écris ces lignes, auxquelles je m'applique pourtant, que d'images me passent par l'esprit, que je ne remarque pas, portant toute mon attention sur les idées utilisables que je puis rencontrer ! Ces représentations confuses, incohérentes forment le fond obscur de la pensée, sur lequel se détachent de temps à autre quelques jugements nets. Si l'on pouvait faire exactement le compte de nos réflexions et de nos rêveries, on trouverait, j'en suis certain, une disproportion singulière. L'intelligence la plus active, la plus lucide, la plus féconde ne réfléchit que par à-coups ; son état normal n'est pas la tension, elle se briserait à cet effort continu, mais bien plutôt la détente. Au cours de la journée, à quelque moment que je m'observe, j'ai conscience de déranger des images, qui disparaissent aussitôt, dans l'effort que je fais pour les apercevoir. A quoi rêvais-je donc ? Je ne saurais le dire. Ce sont des rêveries trop vagues pour que la pensée lucide puisse se les représenter, et justement leur disparition coïncide avec la reprise de conscience. — Il n'est même pas certain que la réflexion interrompe la rêverie. Pendant que je réfléchis à une chose, je puis très bien me donner à son sujet tout un jeu de représentations. Dans l'expression de la pensée la plus abstraite entrent des symboles, des comparaisons, des métaphores qui prouvent que, pendant que l'intelligence fonctionne, l'imagination ne reste pas pour cela inactive. On dirait même que, dans l'effort que nous faisons pour concevoir les idées abstraites, l'imagination s'inquiète, s'agite, cherche à comprendre les choses à sa façon, travaille à se les représenter, et qu'ainsi se produit spontanément un afflux d'images, plus ou moins applicables à l'objet de notre réflexion.

Plus mon attention se porte sur ce point, mieux il me semble qu'au delà du cercle de clarté que projette ma conscience actuelle, dans les régions obscures de l'esprit, j'entrevois cette multitude confuse des images toujours présentes : images de souvenir que je sens toujours prêtes à reparaître au premier appel, comme si je n'avais cessé de quelque manière d'y penser toujours ; images de rêve, vagues projets d'avenir, espoirs et craintes, ébauches d'œuvres à venir, visions fantasques.

Ainsi nous en arriverons à poser, sous toutes réserves, cette hypothèse, que peut-être le cours de la rêverie est, de notre premier à notre dernier jour, ininterrompu. On a dit que nous rêvons toute la nuit. Cela est en effet soutenable, puisque dans le sommeil le plus profond doit subsister un minimum d'activité cérébrale. Mais il est plus vraisemblable encore que nous rêvons tout le jour. Il n'y a aucune raison pour que l'activité de l'imagination soit moindre pendant la veille que pendant le sommeil ; il est plus probable que les opérations de la pensée lucide sont un surcroît d'activité, quelque chose qui s'ajoute à ce travail latent de l'imagination mais ne l'interrompt pas. Dans cette conception, le sommeil laisserait paraître les images qui s'élaborent incessamment au plus profond de nous-mêmes ; les perceptions de la veille ne feraient que les recouvrir.

Au moment où nous ouvrons les yeux, les fantômes

du rêve pâlissent et semblent s'effacer. Est-il certain qu'ils ne subsistent pas, invisibles mais réels encore, comme la veilleuse que l'on a oublié d'éteindre à l'aube garde son invisible clarté dans la lumière du grand jour ? Encore une fois, on ne peut hasarder à ce sujet que des hypothèses. Si ce mouvement d'imagination se continue à l'état de veille, il s'abaisse sans aucun doute au-dessous de la conscience distincte ; son existence reste encore conjecturale.

De ce que nous venons de dire, on pourrait être tenté de conclure qu'à ce compte la poésie intérieure devrait jaillir à flot constant et déborder de toute âme humaine. Puisque nous rêvons tous et presque toujours, ne sommes-nous pas tous et presque constamment poètes ?

La conclusion serait précipitée. Définissant la poésie, nous avons eu soin de remarquer que ce n'était pas une rêverie quelconque, mais un mode de rêverie particulier, présentant un caractère spécial, le caractère esthétique.

Je sais que souvent l'on parle de la rêverie comme si elle était esthétique par essence ; on ne peut se la figurer comme dépourvue de beauté. De la conception même que certains théoriciens se font de l'activité esthétique, qu'ils définissent comme le jeu des facultés représentatives, il s'ensuivrait que la rêverie est la chose esthétique par excellence.

Laissant de côté les théories, nous allons reconnaître que la libre rêverie n'est pas esthétique en soi, mais qu'elle peut le devenir dans certaines conditions, qu'il s'agit de déterminer.

Demandons-nous d'abord jusqu'à quel point elle est agréable. Le charme n'est pas la beauté ; mais il en est au moins une condition, et même le premier degré.

Sur ce point, tous les rêveurs sont unanimes : ils parlent de la rêverie comme ayant par elle-même un charme incomparable.

> Quel esprit ne bat la campagne ?
> Qui ne fait châteaux en Espagne,
> Picrochole, Pyrrhus, la Laitière, enfin tous,
>   Autant les sages que les fous ?
> Chacun songe en veillant : il n'est rien de plus doux.
>
> LA FONTAINE.

Est-il bien nécessaire de décrire et d'expliquer le charme particulier de cet état de rêverie ? Si nous voulons savoir jusqu'où peut aller le plaisir de rêver, il nous suffira de relire J.-J. Rousseau[1]. Nul poète, nul écrivain ne l'a ressenti plus profondément, et ne l'a exprimé en termes plus poétiques.

« Quand le soir approchait, je descendais des cimes de l'île et j'allais volontiers m'asseoir au bord du lac, sur la grève, dans quelque asile caché ; là le bruit des vagues et l'agitation de l'eau, fixant mes sens et chassant de mon âme toute autre agitation, la plongeaient dans une rêverie délicieuse, où la nuit me surprenait souvent sans que je m'en fusse aperçu. Le flux et le reflux de cette eau, son bruit continu, mais renflé par intervalles, frappant sans relâche mon oreille et mes yeux, suppléaient aux mouvements internes, que la

---

1. Voir notamment les Rêveries du promeneur solitaire (5ᵉ promenade) et la *Lettre à M. de Malesherbes*, 26 janvier 1762. Pour établir la balance du bonheur que peut nous apporter la rêverie, il faudrait montrer, chez J.-J. Rousseau même, la prostration qui suit ces élans de l'imagination. La rêverie, à ce degré, est une sorte d'ivresse qui se paie. Elle décolore la vie réelle et en éloigne. Elle n'augmente pas tant notre bonheur qu'elle ne le déplace, en le reportant tout entier dans notre vie d'imagination.

rêverie éteignait en moi, et suffisaient pour me faire sentir avec plaisir mon existence, sans prendre la peine de penser. De temps à autre naissait quelque faible et courte réflexion sur l'instabilité des choses de ce monde, dont la surface des eaux m'offrait l'image ; mais bientôt ces impressions légères s'effaçaient dans l'uniformité du mouvement continu qui me berçait, et qui, sans aucun concours actif de mon âme, ne laissait pas de m'attacher au point qu'appelé par l'heure et par le signal convenu je ne pouvais m'arracher de là sans effort. »

Quand on relit ces descriptions et ces confidences, quand on se rappelle, car de telles pages ont la propriété d'éveiller les souvenirs profonds, les impressions analogues que l'on a pu éprouver, on est tenté de se dire que décidément la rêverie est une chose délicieuse de par sa nature propre.

Il ne faut pourtant pas exagérer. Gardons-nous ici d'un mirage. Quand on parle ainsi de la rêverie, on pense à la rêverie des rêveurs, c'est-à dire des contemplatifs et des poètes, de ceux qui s'y complaisent et y sont entraînés, de ceux qui en ont fait comme le but de leur existence. Ou bien encore, on pense aux heures exceptionnelles, où par un concours de circonstances particulièrement favorable, bien-être physique, quiétude morale, impressions de nature, stimulation artistique, on s'est trouvé porté en pleine rêverie. Alors en effet c'était délicieux. Et cela prouve que la rêverie peut avoir à l'occasion un charme exquis. Mais il n'est pas vraisemblable qu'elle nous donne constamment telle béatitude.

Nous avons reconnu dans la rêverie un mode normal, habituel et peut-être même constant de l'activité mentale. A ce titre, il est possible qu'elle nous soit constamment agréable, mais comme l'est tout exercice naturel d'une activité psychique ou d'une fonction vitale, sans qu'il y ait rien de particulier dans ce plaisir, ni qu'il s'élève beaucoup au-dessus de l'indifférence.

Une suite d'images n'a rien de plus attrayant en soi qu'une suite de perceptions.

La rêverie se caractérise par l'absence d'effort intellectuel. Ce serait une raison suffisante pour la déclarer souverainement agréable, si le moindre effort était notre suprême idéal, et la loi même de notre activité. Singulière loi pour une activité! En réalité on ne constate pas que tout état psychique dont l'effort est absent soit par cela même agréable. On ne constate pas non plus que l'effort soit dans tous les cas pénible. Tout dépend des conditions physiques et morales dans lesquelles nous nous trouvons et de ce que nous avons d'énergie disponible : il est des cas où rien ne peut nous plaire plus que l'activité allant même jusqu'au maximum d'effort; d'autres où nous préférerons le repos, la léthargie et le rêve.

Je n'accepterais pas non plus sans réserves la théorie qui fait de la rêverie une activité essentiellement agréable sous le prétexte qu'elle constitue un *libre jeu* de représentations. Suis-je vraiment libre quand je rêve? J'en doute fort. C'est ma rêverie qui est libre, ce n'est pas moi. Elle m'emporte je ne sais où. Elle-même n'est libre qu'en ce sens qu'elle n'a pas de but fixé d'avance. Elle va, comme le ballon libre, où le vent la pousse. Quand on parle d'un libre jeu d'imagination, on suppose que j'appelle ou repousse, que je combine, que je construis les images selon mon bon plaisir. C'est dans la réflexion volontaire que je suis ainsi maître de mes idées. Dans la pure rêverie au contraire, je me laisse aller; j'assiste à un spectacle, dont les péripéties sont pour moi de l'imprévu. Je ne rectifie rien, je ne conseille rien ; je suis les événements ; je me demande ce qui va arriver. Il n'y a là rien de comparable au jeu, si ce n'est l'illusion consciente et à demi-volontaire, le faire-semblant, le parti pris de se laisser prendre à des événements fictifs comme s'ils étaient réels, le sérieux affecté qui se retrouve dans toute activité de jeu ; et cette analogie même ne prouve nullement que la rêverie est une sorte de jeu, mais seulement que dans nos jeux, c'est-à-dire dans le développement libre et joyeux que nous donnons à notre activité pour le seul plaisir d'agir, nous faisons toujours entrer une part d'illusion volontaire et de rêverie.

Nous serons, je crois, dans la juste mesure en disant qu'en somme l'activité qui constitue la rêverie n'a rien de désagréable en soi, qu'elle peut se prolonger indéfiniment sans nous apporter aucune fatigue, et qu'en général, sauf les cas exceptionnels de délire fiévreux ou d'images obsédantes, elle est plutôt accompagnée d'un certain bien-être. Ce qui détermine vraiment sa qualité affective, c'est la nature des images qu'elle nous apporte. La rêverie sera agréable ou désagréable, selon que nous nous représenterons des choses gaies ou des choses tristes. On ne peut dire qu'en général nous ayons une tendance à pencher d'un côté plutôt que de l'autre. Tout dépend évidemment de notre tempérament, de notre caractère, de notre âge, de notre humeur du jour, des circonstances. Il est assez vraisemblable que la rêverie est plutôt optimiste quand la courbe générale de notre vie est en voie ascendante, pessimiste quand la courbe s'abaisse. Les rêveries de l'enfance sont plutôt faites d'espoirs, celles de la vieillesse d'appréhensions et de regrets ; mais cette loi même comporte bien des exceptions. Peut-être pourrait-on mesurer le plaisir qu'un homme trouve dans la rêverie à la part qu'il lui accorde dans sa vie ; il est probable en effet que ceux qui s'adonnent à la contemplation intérieure le font parce qu'ils y trouvent un plaisir particulier, soit que leur imagination exubérante éprouve le besoin de se dépenser en représentations, soit que la rêverie ait chez eux une tendance optimiste qui la rend plus agréable, soit qu'ils aient été amenés par les mécomptes de la vie réelle à se réfugier dans le monde des souvenirs, des illusions et des rêves. Et cela même n'est pas bien sûr. N'arrive-t-il pas que l'on s'enfonce dans la rêverie sans même y trouver « le sombre plaisir des cœurs mécancoliques, » par simple découragement ?

La rêverie n'est pas plus belle en soi qu'elle n'est agréable en soi. Elle le deviendra dans certaines conditions.

Puisque nous ne composons pas nos rêveries, puisqu'elles se produisent spontanément, il n'y a aucune raison pour qu'elles répondent à nos goûts personnels et à nos préférences esthétiques, comme elles le feraient si nous les tenions tout à fait à notre disposition. Les images se construisent au hasard, comme les figures que forment les nuages dans le ciel, ou le lichen sur les vieux murs : on remarque celles qui ont un semblant de composition ; en général elles sont assez insignifiantes. De la masse confuse de toutes nos rêveries, il doit être exceptionnel que se dégage quelques représentations d'une réelle valeur esthétique. La rêverie moyenne, j'entends par là ces images fugitives et pâles qui nous passent incessamment par l'esprit, est pure divagation. Aussi en détournons-nous notre attention.

Pouvons-nous, par cette invention spontanée, qui ne comporte aucune retouche volontaire, aucune élaboration artistique, imaginer rien de très beau, de plus beau que nature? Cela n'est pas vraisemblable, et aucune observation authentique ne nous autorise à affirmer que cela se produise en fait.

Il nous arrive sans doute, dans nos rêves ou nos rêveries, de nous représenter de beaux paysages, des architectures magnifiques, des fleurs merveilleuses, des figures idéales. Mais ces visions, qui nous laissent l'impression d'une surnaturelle beauté, sont-elles réellement aussi belles que cela? Ce sont des images diaprées, brillantes, de couleurs vives, analogues à celles que nous pouvons concevoir en contemplant des points lumineux et scintillants ou les braises incandescentes du foyer; il est assez vraisemblable que nous y faisons entrer les bluettes lumineuses qui fourmillent dans le champ rétinien [1]. Les formes sont plutôt fantastiques qu'élégantes, plus bizarres que vraiment artistiques.

1. C'est à cette intervention des phosphènes dans la composition mentale que j'attribuerais en partie les visions lumineuses de l'Apocalypse, ou encore la description éblouissante que donne Dante de la Rose mystique, à la fin de son poème. Gœthe avait la faculté de faire apparaître dans le champ rétinien, par un effort de vision mentale, des images colorées (sur les faits de ce genre, v. Helmholtz, *Optique physiologique*, 2e partie, § 17) Cette faculté a dû avoir une influence sur la genèse des images dans ses contes merveilleux : ainsi, dans le Nouveau Pâris, ces trois pommes rouge, jaune et verte, transparentes comme des pierres précieuses, qui se changent en petites dames qui voltigent sur le bout de ses doigts; ainsi encore, dans les Entretiens d'émigrés allemands, le beau serpent vert qui avale de l'or et devient lumineux et transparent, ou qui se change en un pont d'émeraude, de chrysoprase et de chrysolithe. Voici une métamorphose caractéristique : « Son beau corps, à la forme élancée, s'était séparé en mille et mille brillantes pierreries ; la vieille, en voulant prendre sa corbeille, l'avait heurté par mégarde, et l'on ne voyait plus rien de la forme du serpent, mais seu-

Les édifices que fait surgir l'imagination pure, ce sont ces palais de l'Orlando furioso, prodigieux, féeriques, étincelants de pierreries, invraisemblables. Ces images, au moment où elles nous apparaissent, excitent sans doute un sentiment d'admiration intense ; nous leur trouvons une beauté merveilleuse. Elles sont en effet ce que nous pouvons, dans de telles conditions cérébrales, imaginer de plus beau. Elles ont toutes les conditions de la beauté, sauf le goût et l'art. Nous nous en apercevons quand nous avons repris notre sang-froid ; nous sommes surpris de voir quel étrange objet nous avait ainsi mis en extase.

J'en dirai autant de ces figures idéales, qui parfois hantent nos rêveries. Telles que nous les imaginons, valent-elles l'admiration qu'elles nous inspirent ? Dans notre rêve nous les trouvons infiniment belles. En elles-mêmes, elles sont si vagues, si indécises de traits, qu'à peine pourrait-on les qualifier au point de vue esthétique. Aussi pâle est l'image que nous concevons quand dans un conte de fées apparaît une princesse « aussi belle que le jour ».

Un des exemples les plus curieux et les plus typiques que l'on puisse citer de ces produits spontanés de l'imagination idéaliste, c'est ce personnage étrange qui hanta l'esprit de George Sand[1]. « Dès ma première enfance, j'avais besoin de me faire un monde intérieur à ma guise, un monde fantastique et poétique... Me voilà donc, enfant rêveur, candide, isolé, abandonnée à moi-

lement un beau cercle de pierres étincelantes, semées sur le gazon. » De telles images, quel que puisse être leur sens symbolique, ont été évidemment inspirées de ces phosphènes que la circulation du sang sur la rétine fait spontanément apparaître.

1. *Histoire de ma vie*, 3ᵉ partie, VIII.

même, lancée à la recherche d'un idéal et ne pouvant pas rêver un monde, une humanité idéalisée, sans placer au faîte un Dieu, l'idéal même... Et voilà qu'en rêvant la nuit, il me vint une figure et un nom. Le nom ne signifiait rien que je sache ; c'était un assemblage fortuit de syllabes comme il s'en forme dans le rêve. Mon fantôme s'appelait *Corambé* et ce nom lui resta... Je voulais l'aimer comme un ami, comme une sœur, en même temps que le révérer comme un Dieu. Je ne voulais pas le craindre et, à cet effet, je souhaitais qu'il eût quelques-unes de nos erreurs et de nos faiblesses. Je cherchai celle qui pouvait se concilier avec sa perfection et je trouvai l'excès de l'indulgence et de la bonté[1]. Ceci me plut particulièrement et son existence, en se déroulant dans mon imagination (je n'oserais dire par l'effet de ma volonté, tant ces rêves me parurent bientôt se formuler d'eux-mêmes), m'offrit une série d'épreuves, de souffrances, de persécutions et de martyres... Le rêve arriva à une sorte d'hallucination douce, mais si fréquente et si complète parfois que j'en étais comme rayie hors du monde réel. » L'imagination de l'enfant s'exalte ; elle dresse un autel à l'objet secret de son adoration. Puis la vision commence à se dissoudre ; née de la libre rêverie, trop inconsistante pour durer longtemps, elle s'efface peu à peu, et *Corambé* rentre dans l'inconscient dont il était sorti[2].

1. N'est-ce pas ainsi que Renan a composé sa vie de Jésus ?

2. A comparer, pour l'inconsistance et l'évanouissement progressif de l'idéal rêvé, ces vers de la Ctesse Mathieu de Noailles.

> Le visage de ceux qu'on n'aime pas encor
> Apparaît quelquefois aux fenêtres des rêves
> Et va s'illuminant sur de pâles décors
> Dans un argentement de lune qui se lève.

Il était important de signaler cette illusion, pour montrer que très rarement la libre rêverie fournit au poète ou à l'artiste une matière artistique tout élaborée. Mais cette tendance que nous avons à trouver charmantes les images de rêverie, bien que fondée sur une illusion, est pourtant à retenir. Du moment, en effet, qu'il ne s'agit pas d'utiliser ces images dans un but artistique, peu importe que leur beauté soit subjective et qu'elles ne puissent avoir de charme que pour celui qui les conçoit. C'est pour nous-mêmes qu'elles sont faites. Mieux elles seront adaptées à notre goût personnel, autrement dit plus leur valeur esthétique sera subjective, et plus elles auront de prix dans la contemplation intérieure.

S'il nous est impossible de donner volontairement à nos rêveries un caractère esthétique, nous pouvons obtenir ce résultat indirectement, en nous mettant dans les conditions reconnues favorables. Ces belles heures de contemplation rêveuse, nous les recherchons ; nous pre-

> Ils ont des gestes lents, doux et silencieux,
> Notre vie uniment vers leur attente afflue :
> Il semble que les corps s'unissent par les yeux
> Et que les âmes sont des pages qu'on a lues.
>
> Ce sont des frôlements dont on ne peut guérir,
> Où l'on se sent le cœur trop las pour se défendre,
> Où l'âme est triste ainsi qu'au moment de mourir ;
> Ce sont des unions lamentables et tendres...
>
> Et ceux-là resteront quand le rêve aura fui
> Mystérieusement les élus du mensonge,
> Ceux à qui nous aurons, dans le secret des nuits,
> Offert nos lèvres d'ombre, ouvert nos bras de songe.
>
> *Le cœur innombrable.*

On trouverait, dans ce même recueil poétique, de beaux exemples de la poésie des objets familiers, qui, pour les âmes prosaïques, restent vulgaires.

nons nos dispositions pour que rien ne vienne les gâter.
Nous nous recueillons. Nous nous prêtons à certaines
pensées, nous en écartons d'autres. Nous cherchons
d'instinct à établir dans notre conscience cette harmonie,
durable parce qu'elle est parfaite, qui constitue l'état
esthétique. Dans la rêverie la plus libre, nous arrivons
ainsi à mettre un peu d'art.

Souvent même le rêveur cherche une sorte de mise
en scène, il aime à s'entourer des objets dont il a éprouvé
par expérience la vertu poétique ; il ira chercher la rêverie dans les lieux où il l'a rencontrée déjà ; il y retrouvera des images éparses et flottantes, fils légers auxquels
il renouera ses nouveaux rêves.

La nature plus ou moins esthétique des images primitives sur lesquelles l'imagination opère, et qui sont
comme la matière qu'elle met en œuvre, déterminera
en grande partie la qualité de nos rêveries. Si constamment nous avons sous les yeux des spectacles de misère,
de laideur, de vulgarité, notre imagination, hantée de
ces images, aura peine à en extraire de la beauté. S'il
se trouve que par faveur du sort nous avons vécu dans
la sérénité et la joie, entourés de gracieuses images, nos
pensées prendront d'elles-mêmes une allure esthétique.
La culture artistique et littéraire contribuera à mettre de
l'idéal dans notre vie intérieure : elle nous fournira des
images déjà élaborées dans le sens de la beauté, qui entreront dans nos représentations personnelles et en re-
lèveront le caractère.

CHAPITRE III

LA POÉSIE DE LA NATURE

Considérons d'abord les impressions que nous recevons de la nature quand nous sommes devant elle en simple contemplation.

Nous reposons notre vue sur les choses avec béatitude. Nous ne les scrutons pas du regard, nous ne les étudions pas, nous ne nous posons à leur sujet aucune question. La détente cérébrale est parfaite ; et c'est justement de cette détente que nous jouissons ; c'est elle que nous venons chercher aux champs, sur les grèves ou dans les bois ; c'est elle que nous demandons aux paisibles spectacles de la nature. Notre esprit se donne congé ; et il peut se faire que vraiment, pendant un certain temps, nous ne pensions à rien. Mais pour peu que cette contemplation oisive se prolonge, dans cet état de distraction où s'endort l'intelligence, il est impossible que n'apparaissent pas les images ; elles se produisent, évoquées spontanément par association d'idées, à peine conscientes, attirant d'autant moins notre attention qu'elles sont plus en harmonie avec les objets que nous avons devant les yeux ; et peu à peu notre contemplation devient rêverie.

L'expression même de notre regard, dans la contemplation poétique, suffirait à déceler ce changement dans notre état de conscience ; il est songeur, distrait, ou étrangement fixe : on voit bien que notre pensée est ailleurs. Notre attitude est celle du recueillement ou de la méditation intérieure. C'est alors que nous nous laissons aller à ces illusions que tous les contemplateurs et poètes se sont plu à nous décrire : diffusion du moi dans les choses, perte du sentiment de la personnalité, tendance du spectateur à s'identifier avec les objets de sa contemplation. Nos représentations, devenues plus vives, ne se distinguent plus nettement de nos perceptions, devenues plus distraites ; la différence que dans notre état lucide nous maintenons entre l'imaginaire et le réel tend à s'effacer ; et nous aimons cette indécision ; nous nous y perdons à plaisir.

De là cet attrait particulier qu'ont pour le poète les spectacles de la nature qui par leur caractère étrange, indécis, mystérieux, font l'effet de choses imaginées plutôt que perçues : mirages, échos, reflets, vagues apparitions d'objets dans la brume, clairs de lune féeriques, bizarres édifices de nuées au soleil couchant, rumeurs confuses du vent qui passe sur la forêt. Ce sont de ces choses qui entrent d'elles-mêmes dans la contemplation poétique, parce que dans la nature même et pendant que nous les percevons elles font déjà l'effet d'un rêve.

Les objets lointains, inaccessibles, qui nous apparaissent par delà de vastes plaines, aux confins de l'horizon, ont au plus haut degré ce caractère. Aussi la poésie d'un paysage est-elle presque toujours dans ses lointains. Aux premiers plans, les objets sont solides, tangibles, bien matériels ; à mesure qu'ils s'éloignent, ils perdent de leur relief et de leur réalité ; ils ne font plus l'effet que de visions, d'apparitions vagues, de choses à demi-imaginaires [1]. C'est la zone indécise où les couleurs des objets s'effacent, où les colorations deviennent étranges et fantastiques, où la terre se fond en couches vaporeuses et rejoint le ciel ; c'est la région enchantée vers laquelle s'en vont nos rêves.

Mais plus encore que l'éloignement, l'absence poétise les choses. Les spectacles qui lorsque nous les avons réellement perçus nous ont paru seulement agréables, deviennent charmants lorsque nous nous en donnons la vision mentale. Un objet même vulgaire prend une certaine poésie dans le souvenir : c'est qu'alors il n'est plus qu'une image ; ce qu'il pouvait avoir de trivial dans la réalité s'oublie ; notre représentation l'épure.

De tout temps l'imagination poétique s'est complu à diviniser la nature, à la personnifier, à l'animer. C'est encore une manière de mettre de l'imaginaire dans le réel, et du merveilleux dans le monde. Ce serait en effet méconnaître étrangement l'état d'esprit des poètes primitifs, que de supposer qu'ils prenaient tout à fait au sérieux et dans un sens réaliste les conceptions de l'antique mythologie. Je ne sais s'il y a jamais eu un temps où l'on croyait que Zeus brandissait réellement la foudre, que vraiment Poseidôn soulevait les flots de son trident, que les dieux tenaient leur assemblée sur la cime du mont Olympe. A coup sûr les poètes ne l'ont jamais cru : ils devaient trop bien sentir ce qu'il y avait d'imaginatif dans ces mythes dont ils s'inspiraient, et ce qu'ils y mettaient eux-mêmes d'imagination en les

1. A signaler dans Chateaubriand cette épithète significative d'*imaginaires*, appliquée aux lointains. « L'arbre décrépit se rompt ; il tombe. Les forêts mugissent ; mille voix s'élèvent. Bientôt les bruits s'affaiblissent ; ils meurent dans des lointains presque imaginaires : le silence envahit de nouveau le désert. » *Journal de voyage.*

développant. S'ils avaient pris cette légende dorée pour de l'histoire, ils s'en seraient désintéressés, car elle eût alors perdu pour eux tout son charme poétique. S'ils se donnaient l'illusion d'y croire, c'était pour trouver plus d'intérêt à ce jeu d'imagination. De même, quand le poète moderne personnifie les forces de la nature, quand il leur donne une sorte de vie, des sentiments avec lesquels il sympathise, lui aussi sait bien que ce n'est qu'un jeu, une illusion dans laquelle il s'enfonce à plaisir, par attrait du merveilleux, pour se donner la représentation d'un état d'âme étrange et surprenant, celui que l'on pourrait prêter aux choses.

Il faut d'ailleurs le remarquer. Ce n'est pas en présence des objets réels que cette illusion tend à se produire. L'objet perçu dans sa réalité se prête mal à ces personnifications et ces métamorphoses.

C'est dans les souvenirs du poète, c'est dans ses descriptions que la nature se transforme à ce point. Alors elle n'est plus que représentée par des images plastiques, transformables, que l'on peut modifier dans le sens du merveilleux ; et les êtres fictifs que la fantaisie du poète peut concevoir trouveront facilement place dans ce monde imaginaire. Quand sur le bord de l'océan je regarde les vagues qui déferlent sur la grève, j'y vois des masses d'eau croulantes ; quand je les imagine, je puis leur prêter une voix lamentable qui parle de naufrages et de morts :

> Où sont-ils, les marins sombrés dans les nuits noires ?
> O flots, que vous savez de lugubres histoires,
> Flots profonds, redoutés des mères à genoux !
> Vous vous les racontez en montant les marées,
> Et c'est ce qui vous fait ces voix désespérées
> Que vous avez le soir, quand vous venez vers nous !
>
> V. Hugo.

Dans les représentations de ce genre, on peut constater une tendance presque fatale de l'imagination à l'anthropomorphisme.

Animer la nature, ce sera toujours prêter aux choses ou aux êtres inférieurs des sentiments plus ou moins analogues à ceux de l'homme, les seuls que nous puissions nettement nous représenter ; et avec la représentation de tels sentiments apparaîtront presque fatalement, évoquées par analogie, recherchées par le poète pour rendre plus dramatique l'expression qu'il prête aux choses, des images de la forme humaine. Toute personnification intense des forces de la nature, par la pente naturelle de la rêverie, devient donc anthropomorphique.

Cette tendance, que l'on a reprochée à la mythologie grecque, ne lui est pas spéciale : elle se retrouvera dans toute poésie.

Nous avons renoncé aux formes du merveilleux antique, à Cybèle, à Phœbus, à Borée, à Amphitrite, aux Naïades, etc. Et nous avons bien fait d'y renoncer, parce que ce sont des formes surannées, dont l'art a épuisé, à force de s'en servir, toute la vertu suggestive : c'est à nous, si nous voulons faire vraiment œuvre de poésie, d'imaginer des mythes nouveaux. Mais nous aurons beau nous ingénier, par la force des choses nous reviendrons toujours à des procédés d'invention analogues. Dans nos personnifications se retrouvera forcément un rappel de la forme humaine. La nature sera représentée maternelle, berçant les hommes sur son sein ; ou cruelle, absorbée dans son œuvre, indifférente à nos joies ou nos tristesses, mais toujours avec quelque trait qui l'humanise. Le vent, ce sera le berger indolent, indécis dont parle Shelley, qui pousse devant lui le troupeau des nuages ; ou quand il s'irritera, il évoquera vaguement l'image d'une figure hurlante, d'un génie ailé qui passe emporté dans un tourbillon. Dans les litanies de la mer, qu'a chantées Richepin, reparaît jusqu'à l'obsession la forme féminine. Prenez une phrase poétique quelconque impliquant une personnification de la nature, et vous verrez s'y dessiner, plus ou moins effacée, parfois presque évanouissante, une image humaine.

> Le printemps inquiet paraît à l'horizon.
>
> A. DE MUSSET.

> Et l'aube douce et pâle, en attendant son heure,
> Semble toute la nuit errer au bas du ciel.
>
> V. HUGO.

Ce ne sont pas là de simples métaphores verbales, mais des *figures de pensée*, dans lesquelles l'image réaliste des choses tend à se métamorphoser en une image plus vivante, plus animée, avancée de plusieurs étapes dans la progression des êtres, et par conséquent plus rapprochée de l'homme.

Cette métamorphose comporte bien des degrés. On peut pousser le jeu plus ou moins avant, s'enfoncer dans le merveilleux ou s'en retirer. Dans la lutte d'Achille contre le Xanthe (Iliade, ch. XXI), d'abord le fleuve se personnifie pour parler d'une voix humaine, puis il se liquéfie en quelque sorte et n'est plus qu'un torrent débordé dont les eaux grondent et mugissent. Cette instabilité des images qui se succèdent en tableaux fondants a toutes les allures du rêve. De même dans les descriptions de nos modernes poètes, nous passons par transitions insensibles des personnifications les plus fantaisistes de la nature à sa représentation réaliste ; et parfois les deux modes de représentation se superposent, transparaissent l'un à travers l'autre, comme il arrive pour les deux courants de pensée qui se développent simultanément dans une phrase métaphorique.

Ainsi le monde réel, en passant par notre esprit, s'y charge de poésie ; et c'est cette poésie qu'ensuite nous retrouvons dans les choses.

Tout ce que nous avons mis de nous-mêmes dans la nature, toutes les rêveries qu'elle nous a suggérées, toutes les émotions qu'elle nous a données ou que nous lui avons prêtées, tout cela nous revient au cœur quand nous la contemplons. De là son attrait esthétique. Nos rêveries font les fleurs plus charmantes, le ciel plus profond, les couchants plus diaprés, les voix de la nature plus émouvantes. Elles embellissent le monde de toute la poésie dont elles le pénètrent.

Y a-t-il des objets poétiques en eux-mêmes ? On le dit. On le croit. Mais ce n'est qu'une illusion. Un objet perçu dans sa réalité, si charmant, si admirable qu'il puisse être, ne donne jamais une impression de poésie. Nulle réalité matérielle n'est poétique. Il n'y a de poétique que l'imaginaire.

« Je ne peux pas, écrivait A. Daudet[1], me rappeler sans sourire le désenchantement que j'ai eu en mettant le pied pour la première fois dans un caravansérail d'Algérie. Ce joli mot de caravansérail, que traverse comme un éblouissement tout l'Orient féerique des *Mille et une Nuits,* avait dressé dans mon imagination des enfilades de galeries découpées en ogives, des cours mauresques plantées de palmiers, où la fraîcheur d'un mince filet d'eau s'égrenait en gouttes mélancoliques sur des carreaux de faïence émaillée ; tout autour, des voyageurs

1. *Contes du lundi,* Le caravansérail.

en babouches, étendus sur des nattes, fumaient leurs pipes à l'ombre des terrasses, et de cette halte montait sous le grand soleil des caravanes une odeur lourde de musc, de cuir brûlé, d'essence de rose et de tabac doré... Les mots sont toujours plus poétiques que les choses. Au lieu du caravansérail que j'imaginais, je trouvai une ancienne auberge de l'Ile de France, l'auberge du grand chemin, station de rouliers, relai de poste, avec sa branche de houx, son banc de pierre à côté du portail, et tout un monde de cours, de hangars, de granges, d'écuries. » Les mots sont-ils en effet plus poétiques que les choses ? Disons plutôt que l'idée que nous nous faisons des choses est toujours plus poétique que la réalité ; il ne peut même y avoir de poétique dans les choses que l'idée que nous nous en faisons.

Il est seulement des objets qui plus que les autres mettent l'imagination en mouvement ; qui nous rappellent des souvenirs plus chers, auxquels nous revenons plus volontiers ; qui se sont trouvés sous nos yeux dans nos heures de joie ou de mélancolie ; qui grâce à leur beauté intrinsèque donnent aux rêveries qu'ils nous suggèrent une allure plus esthétique. Ceux-là nous semblent en effet avoir une sorte de poésie propre, qui émanerait d'eux comme d'une source vive. En réalité il en est d'eux comme des autres. Toute leur poésie vient de nous. Elle est en nous. Eux-mêmes ne nous donneront une impression poétique que dans la mesure où la série des images qu'ils peuvent nous suggérer se développera réellement en nous dans la contemplation rêveuse.

La source véritable de toute poésie, c'est l'âme humaine.

On a discuté, entre esthéticiens, pour savoir s'il peut

y avoir autant de poésie dans ce qui est artificiel que dans ce qui est naturel. Quelques puristes estiment que l'homme, avec son industrie encombrante, ne peut que faire tache au milieu des libres productions de la nature: à les en croire, toute poésie fuirait devant cet être brutal, brusque et accapareur; il n'interviendrait que pour rompre l'harmonie des choses. — Pourquoi l'homme gâterait-il forcément la nature? Il en fait partie. Des travailleurs dans les champs, le laboureur penché sur sa charrue, des marins sur la grève, un pâtre dans les prés de la montagne ne rompent pas l'harmonie d'un paysage. Ce qui fait fuir la rêverie, c'est ce qui est grossier, c'est-à-dire ce qui appartenant à un milieu inférieur se trouve transporté dans un milieu supérieur. L'homme dans son milieu naturel n'est pas vulgaire.

L'accoutumance ici doit jouer un rôle; il faut que l'adaptation se soit faite. Ce que nous trouvons prosaïque, c'est moins ce qui est artificiel que ce qui est trop neuf. L'automobile paraît moins poétique que la diligence; le steamer ne parle pas encore à l'imagination comme l'antique navire à voiles. Les premières cheminées d'usine se dressant à l'horizon ont paru insolites et discordantes: peu à peu, le regard s'y est fait, l'harmonie s'est rétablie. Ces disgracieux objets ont pris quelque chose de la poésie des grandes plaines au milieu desquels ils s'élèvent; maintenant ils se mêlent à des impressions de nature. Pour quiconque s'est habitué dès son enfance à les voir, ils ont un charme de souvenir. Ils nous font déjà l'effet de ces choses qui semblent avoir de tout temps existé.

En somme dans tout objet, si vulgaire qu'il semble, il y a comme une possibilité permanente de poésie.

Il est des choses artificielles qui non seulement restent

en parfaite harmonie avec la nature et ne lui retirent rien de son charme, mais qui lui ajoutent autant de poésie qu'elles en reçoivent. Dans sa première lettre à John Murray, Byron a plaidé avec éloquence la cause de l'artificiel et de l'humain. « Il y a autant de poésie, dit-il, dans le Parthénon que dans le rocher qui le porte ; une digue puissante, repoussant l'assaut des vagues, est aussi poétique que les masses d'eau dont elle est frappée. Un mât de vaisseau avec tous ses cordages peut aussi bien inspirer le poète qu'un sapin d'Ecosse ou qu'un cèdre du Liban ». Dans ses *Problèmes de l'esthétique contemporaine*, Guyau défend contre Sully-Prudhomme la poésie des machines modernes, de la locomotive « courant sur les rails de fer qu'elle fait trembler, puissante comme la volonté humaine », des escadres qui échangent leur salut, du canon qui tonne. Le plus fervent adorateur de la nature qui fut jamais, John Ruskin, a senti aussi profondément que personne la poésie de l'architecture.

Tout ce que nous venons de dire de la poésie de la nature nous permet de nous prononcer avec certitude sur la question présente.

Toute poésie étant subjective, et consistant dans une attitude mentale que nous prenons en présence des choses plutôt que dans une qualité qui leur serait inhérente, il n'y a aucune raison pour que la nature ait le privilège de déterminer en nous cette attitude. Qu'un objet soit naturel ou artificiel, peu importe, il sera poétique dans la mesure où il pourra nous inciter à la rêverie. Pourquoi l'œuvre des hommes, qui nous touche de si près, qui peut évoquer tant de souvenirs, qui devrait éveiller tant de sympathies, parlerait-elle moins à notre imagination que la nature inanimée?

Ce qu'il y a de plus poétique au monde, c'est l'homme même. Où pouvons-nous trouver une plus riche matière à représentations que dans l'être qui a lui-même la vie psychique la plus intense, la plus riche, la plus harmonieuse et la plus belle ?

On s'attendrit sur la fleur qui va s'épanouir ; et c'est en effet une chose qui prête à la rêverie : la vue d'un enfant au berceau, de ce petit être qui s'ouvre peu à peu à·la vie consciente, qui commence à s'avancer, souriant et indécis, vers ses mystérieuses destinées, est un objet de contemplation autrement poétique. Rien dans la nature inanimée n'a plus de grâce qu'une adolescence, plus de majesté qu'une âme dans son plein développement, plus de mélancolie que le déclin d'une existence humaine.

Sans doute, ici encore, nous avons une tendance, aisément explicable, à trouver l'image des choses plus poétique que la réalité : nous rêverons longuement sur des personnages de drame ou de roman ; leur vie fictive, leurs passions et leurs amours, les péripéties de leur existence nous sembleront très poétiques, et quand nous reviendrons au spectacle de l'existence réelle, nous n'y trouverons que de la prose très vulgaire.

C'est que nous ne sommes pas assez poètes. Si nous l'étions davantage, nous saurions transfigurer même cette réalité. Il est des heures exceptionnelles où cette métamorphose s'opère d'elle-même, où la poésie déborde tellement en nous que la vie réelle nous semble plus belle que le plus beau rêve ; ainsi dans l'ivresse de l'adolescence ; ainsi dans l'éveil d'un grand amour.

Il ne faut d'ailleurs pas être injuste. Même considéré tel qu'il est, sans qu'il soit nécessaire de se faire illusion sur son compte, l'homme a sa noblesse et sa dignité.

Dans l'existence la plus vulgaire il y a encore une place pour l'idéal. Il y a dans la vie, telle qu'elle est, un élément de poésie pure ; ce sont toutes les affections, toutes les tendresses, toutes les passions généreuses, toutes les nobles aspirations, dont seul un pessimisme injuste pourrait nier l'existence ; c'est toute la vie du cœur.

On s'indigne parfois de ce qui se fait chez les hommes, on en détourne les yeux, on se réfugie dans la sérénité de la nature.

> Oh, laissez-moi fouler les feuilles desséchées
> Et m'égarer au fond des bois !

Dans la nature entière on ne trouvera rien qui vaille plus et mieux que ces êtres que l'on méprise.

Que l'on cesse donc d'opposer, comme on le fait parfois, le prosaïsme de la vie humaine à la poésie de la nature. Tout peut être matière à poésie, et par excellence le spectacle de la vie humaine.

CHAPITRE IV

LA POÉSIE DANS L'ART

Déplaçons notre enquête. Sortons de la nature. Nous trouverons encore de la poésie dans l'art ; et toujours cette poésie nous apparaîtra comme déterminant des états de conscience analogues à ceux que nous venons de décrire. En toute occasion où nous éprouvons une impression vraiment poétique, nous pourrons constater que notre état mental est caractérisé par une tendance à la pure rêverie, d'autant mieux marquée que le sentiment de poésie est plus intense.

Certaines formes d'art, la peinture, le dessin, la sculpture, la mimique, l'art dramatique, ont ce caractère distinctif qui leur confère une valeur poétique particulière, d'être des *représentations*. L'objet matériel qui nous est mis devant les yeux ne doit pas être regardé pour son compte et perçu dans sa réalité ; ce n'est qu'un simulacre, une image faite à la ressemblance d'un autre objet, naturel ou fictif, dans tous les cas absent, et que nous sommes invités à nous représenter. Dans quelques linéaments tracés au crayon sur le papier, nous reconnaissons un visage humain ; à l'instant où se produit cette interprétation, nous ne les voyons plus du même œil ; nous ne les prenons plus au propre, mais au figuré ; ce trait indique un contour, celui-là est une ombre ; ici, c'est une boucle de cheveux, un pli du vêtement. De même pour le tableau ou la statue ; si loin que soit poussée l'imitation, elle laisse toujours à l'imagination quelque chose à faire ; elle est toujours conventionnelle et symbolique par quelque endroit. L'acteur lui-même, au moment où il joue son rôle, ne nous apparaît plus tel qu'il est ; nous ne voyons plus en lui que le personnage qu'il veut figurer, le personnage imaginaire à l'imitation duquel il essaie de modeler ses traits et compose ses attitudes, pour nous en présenter l'effigie vivante. Tout ce qui se passe sur la scène, ces paroles qui se prononcent, ces gestes, ces mouvements passionnés, ces cris et ces larmes, et le drame entier dont nous voyons se dérouler devant nous les péripéties, tout cela est pure fiction ; rien de cela ne doit être perçu au sens réel ; ce n'est qu'une *représentation* au sens le plus précis du mot, c'est-à-dire la simple image d'un drame idéal, que nous substituons mentalement au spectacle réel.

Dans ces diverses œuvres d'art il serait difficile de préciser le degré de l'illusion produite. Il peut varier beaucoup, selon les dispositions du spectateur et le réalisme plus ou moins accusé de l'imitation. Le plus souvent on s'en tiendra au degré intermédiaire, à l'illusion consciente et volontaire, qui est d'ailleurs la mieux faite pour donner une impression d'art. Nous nous complaisons surtout dans les œuvres qui poussent l'imitation assez loin pour évoquer immédiatement l'image intégrale de l'objet, sans pourtant aller jusqu'à nous faire oublier un seul instant que nous sommes en présence

d'une simple représentation. Dans les œuvres ainsi présentées nous ne songeons même pas à distinguer quelle
est la part de perception réelle, quelle est la part de
l'imagination. Croyons-nous voir ce que nous ne faisons qu'imaginer, croyons-nous imaginer ce que nous
percevons vraiment? Entre ces deux interprétations,
nous ne nous prononçons pas. Nous avons plutôt l'impression de nous trouver en présence d'un objet étrange,
de nature indécise, ni tout à fait idéal, ni .tout à fait
réel, que nous pouvons à volonté porter dans un sens
ou dans l'autre par un simple jeu d'imagination. Quand
bien même' l'objet représenté serait de ceux que dans la
réalité nous trouvons vulgaires et prosaïques parce qu'ils
ne disent rien à l'imagination, le seul fait qu'il nous apparaisse ici dans un mirage, à travers une illusion,
l'allège de son plat réalisme. La transformation d'art
l'idéalise. Contempler de telles images, c'est déjà sortir
de la réalité positive, c'est faire un premier pas dans le
monde imaginaire.

Il faut l'avouer. L'imitation artistique ne peut atteindre à la plénitude, à l'intensité des effets que produit la
nature. La nature dispose de moyens autrement puissants ; elle nous enveloppe, elle nous enchante, elle nous
séduit par tous nos sens ; elle agit sur notre organisme
entier, pour nous mettre dans les dispositions physiologiques les plus favorables à la contemplation rêveuse ;
elle nous donne des heures d'ivresse, dans lesquelles
notre imagination, exaltée jusqu'au lyrisme, donne à
toutes nos sensations une magnifique résonance poétique. Mais que l'art nous fasse entendre seulement un
écho affaibli de ces accords sublimes ; qu'il puisse nous
rendre à un degré atténué cette harmonie intérieure et
le souvenir de ces heures exquises, c'est déjà beaucoup.

Un cas peut se présenter d'ailleurs, où l'art nous révélera la poésie des choses et nous la fera mieux sentir : c'est le cas où l'artiste sera plus poète que nous ne le sommes nous-mêmes. Alors il nous communiquera des émotions que nous n'avions jamais éprouvées à ce degré ; il nous fera contempler la nature à travers ses rêves ; il nous en présentera une image transfigurée, toute pénétrée de poésie, qui parlera plus à notre imagination que n'a jamais fait la réalité. Nous étions froids devant la nature, parce que nous la regardions de nos yeux ; ici nous la voyons par les siens. Il nous en signale les beautés. Il nous en fait comprendre le charme. Quand il n'aurait fait passer dans son œuvre et ne nous communiquerait qu'une infime partie du sentiment dont il était pénétré en la composant, ce serait plus encore que ce que nous éprouvions de nous-mêmes, devant le spectacle le plus émouvant de la nature. Ainsi s'explique ce fait en apparence étrange, que l'art, image nécessairement appauvrie de la nature, nous puisse parfois sembler plus riche de poésie.

Cette poésie, d'ordinaire, ne se dégage que lentement. L'imagination se met progressivement en activité. Essayons de montrer, en un cas particulier où elles se succèdent assez nettement pour pouvoir être observées, les diverses phases de cette évolution mentale.

Je prendrai pour exemple la contemplation d'un tableau.

Le premier moment est de perception positive et de jugement lucide. Nous regardons. Nous cherchons à nous rendre compte. Qu'est-ce que cette toile représente ? Nous émettons une hypothèse, d'après les indications qui nous sont fournies. C'est un travail d'interprétation.

Nous avons à résoudre empiriquement ce problème qui consiste, étant donnée la projection perspective d'un objet, à déterminer en géométral la forme solide de cet objet. Une première image nous est suggérée, que nous projetons mentalement dans le tableau, la retouchant au besoin pour l'adapter à toutes les données du tracé perspectif. Après quelques tâtonnements, que l'art du peintre cherche à nous épargner en nous donnant des indications assez claires[1], l'emboîtement se fait. Dès lors, l'image se fixe d'une manière définitive ; l'interprétation ne se modifiera plus. L'aspect du tableau s'est transformé. Nous ne voyons plus devant nous une surface plane, nous voyons à leur vraie distance, en grandeur naturelle et dans leur forme juste, les objets représentés. Le moment précis où cette opération de restitution visuelle est achevée se marque par ce fait, qu'aucune des parties de l'image ne nous paraît plus déformée.

L'habitude de regarder des dessins nous a d'ailleurs rendu ce travail d'interprétation si facile qu'il s'effectue comme de lui-même. Nous jetons un coup d'œil sur le tableau, avec un léger effort pour le voir dans l'espace : et l'image objective nous apparaît.

Alors nous contemplons à loisir. Nous nous donnons le plaisir d'entrer dans le tableau, de porter l'illusion à un plus haut degré, de nous figurer ce que nous éprouverions, si nous assistions réellement à la scène représentée. Nous évoquons le souvenir d'impressions analogues, qui puissent nous aider à reconstituer l'image intégrale de l'objet ; car c'est à cette intégration que

1. V. Helmholtz, conférence sur l'optique et la peinture, annexée aux *Principes scientifiques des Beaux-Arts*, Bibliothèque scientifique internationale, F. Alcan, 5e éd., 1902.

tend d'elle-même notre pensée dans la contemplation artistique.

Voyons-nous figuré sur la toile quelque objet qui nous soit connu? Nous le reconnaissons, et nous en trouvons la représentation plus ou moins exacte, c'est-à-dire que nous la comparons à l'image de l'objet lui-même, auquel se reporte notre pensée. En même temps reparaît en nous quelque chose des impressions diverses que nous en avions reçues en réalité.

L'objet est-il nouveau pour nous? Il ne l'est jamais absolument. Dans toute représentation artistique il y a quelque chose de *déjà vu,* qui nous rappellera quelque impression analogue. Que pourrait nous dire une image qui ne ressemblerait à aucun objet connu? On peut même remarquer que nous nous plaisons surtout à la représentation des sites qui nous sont le plus familiers, des scènes qui évoquent en nous le plus de souvenirs.

Supposons un tableau composé sur ce thème : *un étang, le soir.* Le peintre nous montre une surface grise sur laquelle se détache en noir la silhouette de quelques roseaux ; au-dessus un ciel sombre, qui s'éclaire seulement à l'horizon d'une vague lueur. Mais cela, ce n'est pas un étang le soir ; ce n'en est que l'apparence visible fixée en un instant de la durée. Pour que cette scène de la nature à laquelle nous nous souvenons d'avoir assisté nous fût rendue dans sa réalité, il nous faudrait encore le dernier appel des oiseaux de rivage, le froissement des roseaux qu'écartait quelque bête invisible, l'eau qui clapotait sous un bond brusque, la brise du soir qui s'élevait et faisait passer des moires sur cette nappe grise ; la senteur de l'eau stagnante, la fraîcheur humide qui peu à peu nous pénétrait, la descente lente de la nuit, et ce sentiment de solitude qui commençait à nous serrer le cœur. Toutes ces sensations nous manquent ; et c'est pour cela que nous voulons les retrouver. Le désir que nous avons de rectifier, de compléter, d'enrichir notre représentation pour la porter à toute son intensité, évoque de lui-même nos souvenirs ; ils s'élèvent des profondeurs de notre mémoire, nous rendant jusqu'à ces confuses réminiscences du passé, ces lointaines impressions d'enfance qui entrent pour une si grande part dans notre sentiment de la nature.

Enfin l'imagination, continuant à fonctionner de la sorte et se complaisant dans sa propre activité, fait surgir par jeu des images. Dans le loisir intellectuel que nous laisse une contemplation prolongée, nous nous abandonnons à la pente de la rêverie. Notre pensée devient aberrante. Nous nous rappelons une excursion que nous avons faite autrefois, un site qui ressemblait à celui-là et dont le caractère sauvage nous avait frappés, les incidents de la route. Ou bien, sous le coup de l'émotion que nous venons d'éprouver, nos pensées prendront une teinte triste ; nous nous enfoncerons à plaisir dans cette tristesse, pour en mieux savourer le charme mélancolique ; d'instinct nous évoquerons des images lugubres, qui nous entretiennent dans cette disposition mentale, et nous nous perdrons dans leur contemplation. Le tableau est oublié. Nous ne le regardons plus qu'avec des yeux vagues. Notre pensée s'en retire, distraite par les images que lui-même nous a suggérées. Elle s'abandonne au hasard des associations d'idées. Nous avons l'esprit ailleurs. Nous rêvons.

Ainsi nous avons passé de l'exercice actif de la pensée à une contemplation rêveuse, dans laquelle nous avons fini par perdre conscience de la réalité.

Il va sans dire que ce passage ne s'effectuera pas toujours suivant la progression que nous venons d'indiquer, par périodes aussi tranchées : la première de réflexion, la seconde de contemplation, la troisième de pure rêverie. Il arrive assez souvent que ces périodes se confondent, ou se succèdent dans un ordre différent. Notre esprit s'enfonce dans l'illusion et s'en retire, s'abandonne et se reprend ; il entremêle les réflexions et les rêveries. Nous avons indiqué la marche typique, dans laquelle l'imagination atteint par degrés son plein développement. Elle est aussi la plus naturelle. Une œuvre d'art que nous contemplons, c'est un spectacle auquel nous allons assister pour notre plus grand agrément, et dont nous voulons retirer toute la jouissance esthétique qu'il comporte. Nous connaissons par expérience le charme de cette contemplation rêveuse ; il est donc tout naturel que nous la cherchions, et la prolongions à plaisir. Ainsi nous ne nous détacherons de l'œuvre qui commence à mettre en jeu notre imagination qu'après en avoir retiré tout ce qu'elle peut nous donner d'illusion et de poésie.

Dans toute œuvre d'art qui peut être qualifiée de poétique nous trouverons des suggestions de même ordre, un semblable appel à l'imagination ; et toujours le caractère poétique de l'œuvre sera d'autant mieux accusé que l'état de conscience, auquel elle nous convie, se rapprochera davantage de la pure rêverie.

L'œuvre prosaïque est celle qui nous dit immédiatement et complètement tout ce qu'elle peut nous dire. Elle nous présente, avec une sèche précision, quelque objet peu intéressant en soi. Nous la regardons avec un détachement parfait ; nous constatons qu'elle existe, et nous passons. Pourquoi nous attarderions-nous à la contempler ? Ce serait toujours la même chose.

L'œuvre poétique nous retient. On peut même la reconnaître à ce signe, que seule elle comporte une contemplation prolongée. Non seulement les rêveries qu'elle nous suggère, et qui sont en harmonie avec elle, lui donnent plus de charme ; mais elles soutiennent son intérêt ; elles nous préservent du désœuvrement mental où nous laisserait la simple vision. C'est un mouvement de pensée lent et paisible, qui sans effort nous porte d'une image à l'autre, occupe notre esprit sans lui donner de fatigue, et nous distrait assez de notre contemplation pour que nous puissions la prolonger indéfiniment sans ennui.

Comment l'artiste produira-t-il cet effet ? Ce sera quelquefois par la facture même de son œuvre. On sait combien un tableau, une statue gagne en poésie à ne rappeler la nature que par des indications sommaires, que nous soyons obligés de compléter en imagination. Ce sont précisément les sous-entendus de l'exécution qui donnent à l'œuvre son surcroît de valeur expressive. Un rendu plus minutieux serait moins suggestif. L'essentiel est que l'artiste nous donne la première impulsion, en accentuant dans son œuvre les traits expressifs, qui entraîneront notre pensée dans un sens déterminé. Une fois lancée, elle va de son propre élan. On sait l'effet d'une statue qui n'est pas encore tout à fait dépouillée de sa gangue de marbre ou que de parti pris on a laissée engagée dans le bloc, comme les colosses égyptiens, les captifs de Michel-Ange, les puissantes ébauches de Rodin.

Certains peintres aiment à nous faire entrevoir les objets dans un clair-obscur ou à travers une sorte de brume qui les rend mystérieux (Léonard de Vinci, Rembrandt, Carrière). Au jour cru qui accentue leur réalité ils préfèrent la lueur matinale ou crépusculaire qui les idéalise (Corot, Pointelin). Ils les peindront en nuances pâlies et atténuées à l'extrême (Puvis de Chavannes) ou plus chatoyantes que nature, étrangement somptueuses, et même exaspérées (Watteau, Gustave Moreau, Besnard) comme pour nous avertir que les scènes représentées ne se passent pas dans le monde réel, mais dans le monde des symboles, de la fantaisie et du rêve.

L'art décoratif doit en grande partie sa vertu poétique au style conventionnel que sa technique lui impose ; ne pouvant représenter les choses que par des symboles, il est plus qu'un autre obligé de faire appel à l'imagination.

L'effet poétique d'une œuvre d'art pourra tenir encore au caractère propre des objets représentés. En reproduisant les spectacles de la nature qui sont le plus capables de nous charmer ou de nous émouvoir ; en s'inspirant de l'antique mythologie, de la légende, de l'œuvre écrite des romanciers et des poètes, en se faisant lui-même créateur de mythes et de symboles, l'artiste agira sur notre imagination ; et son œuvre sera poétique dans la mesure où elle présentera ce caractère imaginatif.

Une des attitudes que l'art représente le plus volontiers est celle de la méditation ; ce n'est pas seulement parce qu'elle est noble et calme, et qu'elle peut être longtemps soutenue : c'est surtout pour son effet poétique. Par sympathie elle détermine chez le spectateur un état d'âme analogue. La Polymnie accoudée à son socle nous invite à rêver avec elle. Ces figures pensives, ces yeux dont le regard se perd au delà du monde réel, ces attitudes de mélancolie apaisent notre pensée ; libérée

du souci de la réflexion, elle se laisse aller à la contem·
plation rêveuse. — Comme figures analogues à celles
du rêve et nous transportant par simple contemplation
dans ce monde de l'imagination pure, je citerai certaines
compositions de Bœcklin. D'autres peintres feront travailler leur imagination sur un thème littéraire, comme
Burne Jones dans ses allégories ; ou bien, comme Gustave Moreau, ils reprendront les mythes qui ont autrefois passé par l'imagination humaine où ils se sont
chargés de poésie, et s'ingénieront à les réaliser en visions intenses, à la fois précises et fantastiques ; ou bien
encore, comme Klinger en quelques-unes de ses admirables gravures, ils traduiront en symboles expressifs
leur conception de la vie humaine. Ce sont là des
œuvres d'imagination, mais qui ont été composées,
sinon à froid, du moins en pleine lucidité, avec un souci
d'art et des intentions philosophiques. Bœcklin procède
autrement. Que signifient cette femme aux yeux fixes,
montée sur une hideuse licorne, qui passe dans le silence de la forêt ? Et ce centaure qui tranquillement se
fait ferrer en plein village moderne, dédaigneux de
l'anachronisme ? Et cette nymphe qui fuit épouvantée
dans les vagues, ce centaure marin qui la poursuit, ce
vieux triton jovial et cynique qui lui offre sa protection ?
A chaque tableau ce seront de ces visions, déconcer-
tantes pour la pensée logique, mais qui dans l'hypnose
semblent toutes naturelles. Et c'est bien dans l'hypnose
commençante qu'elles doivent avoir été conçues. On ne
les inventerait·pas de sang-froid. Ce sont de ces choses
comme on en voit en songe, images fantasques qui se
forment spontanément dans le cerveau un peu conges-
tionné et lourd de rêverie. Ce sont des rêves transportés
sur la toile, avec l'étrangeté radicale qui caractérise les

purs produits de l'imagination, et qui est comme leur marque de fabrique.

Pour agir sur l'imagination, l'art dramatique dispose de moyens exceptionnels : les artifices du décor, les costumes, la mimique, l'action théâtrale, au besoin l'orchestre et le chant, et par-dessus tout la parole humaine avec son incomparable puissance d'évocation poétique. Les arts les plus divers s'unissent ainsi dans le drame, chacun lui apportant ses moyens d'expression particuliers : il en résulte des effets pathétiques d'une extraordinaire intensité. Si la valeur d'un art se mesurait à la force des émotions qu'il peut produire, l'art dramatique tiendrait sans concurrence possible le premier rang. Il peut agir sur l'imagination et même sur les nerfs avec plus d'énergie que ne le fera jamais le roman ou le poème le plus passionné. Lui accorderons-nous la même primauté au point de vue de l'effet poétique ? Ici l'on peut hésiter. Considérons d'abord ce que j'appellerai le contenu poétique de l'œuvre, c'est-à-dire ce que l'auteur y a pu mettre de poésie en la composant. En fait, la représentation théâtrale, qui est l'achèvement de l'œuvre dramatique, est toujours précédée d'une longue période de pure élaboration mentale. Avant de faire jouer une pièce, on commence par l'écrire. Un drame est donc une œuvre littéraire, que l'on met en scène après coup, qui peut-être n'arrivera jamais à la rampe, et qui le plus souvent, remarquons-le, ne nous est connue que par la lecture. Nous n'avons donc pas besoin d'un grand effort d'abstraction pour nous rendre compte de l'effet que peut produire le drame en soi, indépendamment de sa réalisation scénique.

Ainsi considéré en lui-même et dans son contenu, le drame est une œuvre littéraire comme une autre, où l'on peut mettre autant de poésie que dans un roman ou dans un poème. Si le dramaturge a l'âme d'un poète, il donnera cette âme à ses personnages ; il en fera des créatures idéales, tout imprégnées de grâce et de charme, ou vibrantes d'émotions lyriques ; il leur fera dire les mots magiques qui enchantent l'imagination. Tout dans son œuvre, situations, caractères, langage, pourra être de pure poésie. Il est des drames où vraiment déborde l'imagination lyrique : pour en évoquer des exemples saisissants, il me suffira de prononcer les noms d'Eschyle, de Shakespeare, de Gœthe, de Byron, de Musset, de Victor Hugo, de Wagner, d'Annunzio. Ainsi donc, que les fictions dramatiques puissent contenir en elles-mêmes la plus haute poésie, cela ne peut être mis, en doute.

Maintenant demandons-nous si le drame idéal qu'a conçu le poète gagne à être réalisé en une action scéni-que ; car, ne l'oublions pas, il est fait pour cela ; ce n'est qu'à cette condition qu'il sera vraiment un drame, et non simplement une œuvre littéraire rédigée par ca-price du poète en forme dramatique. Voilà que ces fic-tions, dont la simple représentation mentale nous en-chantait, sont transportées sur la scène. Je me demande jusqu'à quel point les décors, les costumes, le jeu des acteurs me rendront cet enchantement. Que l'œuvre gagne en vie, en émotion, en plénitude et intensité d'effet, cela est indéniable. Mais en effet poétique ? J'ai bien des doutes. Il est rare que la mise en scène puisse réaliser pleinement la conception du poète. Ou plutôt elle la réalisera trop. Elle l'alourdira. Il n'est personne qui n'ait éprouvé cette impression, ayant lu une pièce de théâtre et la voyant à la scène, d'être en un sens déçu. Ce n'est plus ce que l'on rêvait.

Le fait d'être incarnées en un acteur ôte à ces figures idéales quelque chose de leur attrait ; elles ne sont plus aussi poétiques, n'étant plus aussi imaginaires. Le comédien, bien qu'il soit transfiguré jusqu'à un certain point par son rôle et que sur la scène il prenne quelque chose de l'idéalité de son personnage, nous en présente néanmoins une image trop précise encore, trop limitée, trop objective : quoi qu'il fasse, il ne saurait nous rendre à chacun notre rêve. L'œuvre pathétique gagnera à l'exécution intégrale. L'œuvre poétique y perdra, et d'autant plus qu'elle sera plus poétique. Que devient par exemple, à la représentation, le symbolisme des drames d'Ibsen ? Quel effet poétique peut produire le fondeur de boutons qui propose à Peer Gynt de le remettre dans la cuiller, ou la chute de Solness le constructeur, ou Rubeck entraînant Irène vers les sommets glacés de l'idéal tandis que Maïa portée par son rude compagnon redescend vers la vie ? Ce sont là des métaphores qui représentées idéalement garderaient le sens symbolique qu'elles avaient dans l'esprit du dramaturge, mais qui figurées sur la scène et prises au sens réel déconcertent le spectateur par leur bizarrerie. Que reste-t-il, dans la mise en scène la plus ingénieuse, de la féerie des drames wagnériens ? Des tableaux rêvés par le dramaturge à ceux qui nous sont réellement présentés, il y a un déchet effrayant[1]. La moitié du Faust de Gœthe, la plus poétique, est injouable. Il se trouve donc que si le dramaturge s'est laissé trop librement aller à sa fantaisie, il sera très difficile de réaliser

---

1. Voir à ce sujet les amusantes boutades de Tolstoï (*Qu'est-ce que l'art*, trad. Halpérine-Kaminsky, Ollendorf 1898, p. 210 et suivantes).

au théâtre ses conceptions. Il devra s'en rendre compte
d'avance, s'il est vraiment un homme de théâtre, qui
voit toujours ses personnages en scène et compose au
point de vue de l'effet scénique. Et cette préoccupation
tendra à limiter son inspiration. L'imagination du dramaturge est donc moins libre que celle du pur poète;
elle se meut dans un champ moins vaste ; les exi
gences de la mise en scène la rappellent à la réalité

L'épreuve de la représentation réelle nous fera constater
encore une chose peut-être plus grave, c'est que trop de
poésie peut nuire au théâtre, et même qu'il y a dans une
certaine mesure conflit entre l'effet poétique et l'effet
dramatique. Les scènes de pure poésie, qui nous
charment le plus à la lecture, risquent à la représentation
de paraître languissantes : elles suspendent l'action. Le
drame demande du mouvement, de la passion, des
conflits d'âme, non de la contemplation et du rêve. Il
est rare qu'au théâtre les beaux vers soient en situation
et que les créatures poétiques nous semblent assez vi-
vantes. « L'art théâtral, disait Joubert, n'a pour objet
que la représentation. Un acteur doit donc avoir l'air
demi-ombre et demi-réalité. Ses larmes, ses cris, son
langage, ses gestes, doivent sembler demi-feints et
demi-vrais. Il faut enfin, pour qu'un spectacle soit
beau, qu'on croit imaginer ce qu'on y entend, ce qu'on
y voit, et que tout nous y semble un beau songe [1]. » On
ne saurait indiquer avec plus de finesse la condition

1. *Pensées*, titre XX, p. 260. Cette remarque pourrait être
étendue à toute représentation artistique. Non seulement la con-
vention est permise dans l'art, mais elle y est obligatoire si l'on tient
à produire un effet poétique. Il faut que l'on garde cette impression,
que le tableau n'est qu'un tableau, que la statue n'est qu'une statue,
et que tout cela est imaginaire.

requise pour qu'une pièce de théâtre produise un effet poétique. Mais on sait aussi combien cet idéal est opposé aux réelles tendances de l'art dramatique. La poésie veut l'illusion consciente. Le drame tend à se rapprocher toujours davantage de la réalité et de la vie.

Dans la musique au contraire, nous allons voir la tendance poétique devenir dominante. Il n'est pas de forme d'art qui lui soit comparable à ce point de vue. Nous arriverons même, en analysant les effets qu'elle produit, à constater que vraiment elle est plus poétique que la poésie même, je veux dire que l'art des vers. Nous nous trouvons donc en présence d'un cas éminent auquel il faut que notre définition de la poésie, si elle est exacte, s'adapte d'emblée. Supposons en effet qu'elle se justifie moins aisément dans le cas spécial où précisément le sentiment poétique acquiert toute sa pureté, l'épreuve serait suffisante : elle serait condamnée.

Dans le chant, nous trouvons la musique unie à la poésie verbale. Le seul fait de cette union, si intime qu'il en résulte une œuvre d'une homogénéité parfaite, prouve entre les deux arts une singulière affinité de nature. Ce n'est pas seulement par la forme qu'ils se ressemblent, par la commune recherche de l'harmonie sonore, par l'aisance avec laquelle ils s'adaptent aux mêmes rythmes ; c'est bien par le fond et par leur essence intime. Il serait absolument impossible de mettre en musique une ligne de vraie prose, par exemple l'énoncé d'un théorème de géométrie ; des vers un peu prosaïques se laissent difficilement chanter ; les beaux vers semblent appeler d'eux-mêmes, pour développer toute leur poésie, l'expression musicale. Il y a donc affinité entre la poésie verbale dans ce qu'elle a de plus poétique, et la musique dans ce qu'elle a de plus musical. Les deux arts se rejoignent dans leur plus haute expression. En s'unissant à la pcésie verbale, la musique donne, à tous les sentiments qu'exprime la parole, sa résonance profonde et prolongée ; elle donne à la voix humaine une richesse de timbre, une variété d'intonations, une vibration, une ampleur, une puissance à laquelle ne saurait atteindre le simple parler : elle augmente d'une façon étonnante la valeur expressive de chaque mot prononcé. En même temps, par son charme propre, par l'harmonie dans laquelle elle nous enveloppe, elle nous amène rapidement à une sorte d'extase et d'ivresse lyrique dans laquelle notre imagination est prête à réagir d'une manière intense à toute suggestion verbale. Dans de telles dispositions physiques et morales, les images surgissent d'elles-mêmes, et prennent le charme de la mélodie qui accompagne leur évocation. On s'explique ainsi que le vers chanté produise un effet poétique que la simple lecture ne lui donnerait pas.

Mais la musique n'a pas besoin de l'aide de la parole pour exprimer ce qu'elle veut nous dire. Livrée à elle-même, par ses propres moyens, elle peut évoquer des images. A ce titre elle a droit d'être comptée parmi les arts *représentatifs*.

Elle nous suggérera, par le moyen des sons, des images sonores. L'imagination auditive en effet joue un certain rôle dans la perception des sons eux-mêmes. Quand par exemple un instrumentiste veut nous faire entendre une note déterminée, ce que nous percevons, c'est moins le son réellement émis que la sonorité idéale qu'il a la prétention de représenter ; pourvu que l'exécution ne soit pas décidément trop défectueuse, nous nous contentons d'un à peu près dans la représentation ; nous rectifions mentalement la note, de même que lors-

qu'on nous parle une langue qui nous est très familière,
nous suppléons par la pensée aux défauts de l'émission
vocale, et croyons entendre intégralement des mots dont
on ne prononce que la moitié. C'est cette sorte de restitution mentale qui nous permet d'entendre avec plaisir
un air joué sur un instrument un peu faux [1]. Même
phénomène se produit pour toute imitation musicale.
Il nous suffit de reconnaître le son que la musique veut
imiter pour nous imaginer que nous le percevons vraiment : l'image sonore que l'on veut nous suggérer est
tellement présente à notre esprit, qu'à peine nous aper-
cevons-nous de l'insuffisance de l'imitation. Le musicien
pourra donc dessiner des images sonores d'un trait
musical aussi bref, aussi sommaire, aussi conventionnel
que la ligne par laquelle le dessinateur représente une image
visuelle ; notre imagination complète cette figure schématique, la remplit de ses représentations, et nous fait apparaître l'image intégrale de l'objet. C'est ainsi que la musique représente sans les reproduire tout à fait les bruits de la
nature, les murmures de la forêt, le chant des oiseaux,
le rythme des vagues, le sifflement du vent, le tonnerre,
le grondement du canon, le tintement des cloches, les
accents d'une voix joyeuse, irritée ou plaintive. On a
beaucoup discuté sur la légitimité de ces imitations.
Quelques esthéticiens sévères n'y veulent voir qu'un
divertissement puéril. Je crois qu'à la critiquer ainsi ils
perdent leur temps. En fait les plus grands musiciens,
dans des œuvres très sérieuses, l'ont pratiquée. L'imitation musicale est possible, nous y prenons plaisir et
nous sommes libres. Il n'est donc pas probable que

1. V. Paul Roy, *Enseignement rationnel de la musique*, A.-H. Simon.
Paris 1875, pp. 121 et 122.

nous y renoncions jamais. Quand elle ne serait qu'un jeu, l'art a droit au caprice. Tout ce que l'on peut lui demander, c'est d'être discrète, et plus symbolique que littérale. Mais il serait tout à fait injuste de méconnaître ce qu'il y a de poétique dans ces réminiscences de la nature qui passent de temps à autre dans la musique instrumentale.

Avec ces images sonores apparaîtront en même temps, évoquées par association d'idées, les images visuelles correspondantes. Ainsi une imitation même très discrète du bruit rythmé des vagues qui battent une falaise nous les fera voir, glauques, écumantes, bondissant à l'assaut des rochers. Nous ne pouvons entendre une marche funèbre sans nous représenter des images de deuil. Le timbre de certains instruments agit sur l'imagination visuelle d'une manière spéciale. « Les masses d'instruments de cuivre, dans les grandes symphonies militaires, éveillent l'idée d'une troupe guerrière couverte d'armures étincelantes, marchant à la gloire ou à la mort[1]. » La harpe éveille des idées de triomphe, de gloire et de splendeur. « Les sons de la région aiguë ont un éclat cristallin et rayonnant, qui évoque à l'esprit l'idée de fêtes brillantes, de banquets magnifiques inondés de lumière, ou qui transporte notre imagination dans le monde gracieux de la féerie[2]. » Le cor est un instrument essentiellement poétique. « Aucun instrument peut-être n'agit aussi puissamment sur la fantaisie de l'auditeur. Les sons du cor transportent

---

1. Berlioz, *Grand traité d'instrumentation et d'orchestration modernes*, p. 138.

2. F.-A Gevaert, *Nouveau traité d'instrumentation*, Lemerre 1885, p. 93.

l'esprit au loin, dans les libres espaces, au sein des vastes forêts, sous l'ombrage des chênes séculaires, ou dans les pays charmants du rêve et de la féerie, aux bords des claires fontaines où l'on entend par les belles nuits d'été résonner les notes mystérieuses du cor d'Obéron [1] ».

Telle peut être la puissance de la suggestion musicale, que les images secondaires passent au premier plan de la conscience, et nous fassent oublier la musique même ; nous ne l'entendons plus que d'une oreille distraite, comme un accompagnement à notre rêverie ; ou bien encore nous la faisons entrer dans notre songe, dans lequel elle se fond et se transforme. Ainsi le dormeur qui rêve de batailles pendant que la pluie fouette les vitres perçoit ce bruit sans en avoir consience ; il l'utilise en quelque sorte pour donner plus d'intensité à ses représentations ; et ce qu'il croit entendre réellement, c'est le crépitement de la fusillade.

Jamais bien entendu ces suggestions de la musique n'auront la netteté que peut avoir une description verbale. La musique purement instrumentale ne doit même pas chercher à suggérer des images trop précises. Elle n'y réussirait que très difficilement, et pour l'avoir tenté risquerait d'être obscure. On peut dire que toujours, dans la musique descriptive à programme précis, quelque chose des intentions du musicien échappe à l'auditeur. Le mal ne serait pas très grand si la composition, abstraction faite de toute intention descriptive, restait assez musicale pour intéresser par elle-même. Mais cela précisément n'est possible que si l'auteur s'est abandonné à son inspiration sans chercher à

1. *Ibid.*, p. 210.

rendre avec précision telle ou telle image, c'est-à-dire s'il n'a pas suivi un programme trop déterminé. S'il a voulu représenter formellement quelque chose, voilà des intentions, étrangères à la musique pure, qui interviennent dans son inspiration ; intentions qui peuvent donner à l'œuvre plus de richesse et d'intérêt si elles sont comprises, mais qui troublent et inquiètent l'auditeur si elles ne le sont pas. On ne se laisse plus aller à ses impressions. On sent bien que cette musique a des prétentions symboliques, qu'elle veut dire quelque chose, mais quoi ? Le sens échappe ; et si l'on renonce à le chercher, l'œuvre, prise au sens propre, écoutée comme de la pure musique, paraîtra bizarre et incohérente. La musique descriptive devra donc se contenter d'entraîner l'esprit de l'auditeur dans une certaine direction, en laissant toujours à la fantaisie individuelle un certain jeu. Dans l'*Andante* de la symphonie pastorale, il n'est pas douteux d'abord que Beethoven n'ait voulu donner à sa scène musicale un caractère représentatif ; il l'a bien située mentalement *au bord du ruisseau*, et je puis ajouter en toute certitude, d'après le caractère de la phrase mélodique qui donne son accent à toute la scène, *dans la profondeur des bois*. Maintenant s'est-il proposé cette gageure puérile, de figurer aussi exactement que possible, par le moyen des sons, un tableau déterminé ? Ce serait lui faire injure, car ce serait supposer qu'il n'était ni musicien, ni poète. Nous devons concevoir tout autrement, et l'état d'âme dans lequel il a composé son œuvre, et la nature des suggestions qu'il veut nous donner. Il s'est transporté en imagination, comme fait le poète, au sein de la nature ; il a prêté l'oreille au chant des oiseaux, à leur appel mélancolique, aux rumeurs profondes de la forêt ; il s'est

appelé ses rêveries de promeneur solitaire ; il a recueilli
n lui-même, pour s'en pénétrer davantage, toutes les
motions qu'il en avait reçues. Et librement, pendant
ue passaient en lui ces images d'allégresse ou de mélancolie, il a chanté. Et de lui-même, parce que son âme
était toute musicale, ce chant intérieur s'est mis en
harmonie avec ces images. Il n'a voulu rendre ni le
murmure du ruisseau, ni les rides légères qui passent
à sa surface ; mais la mélodie qui s'est alors présentée
spontanément à son esprit était celle que l'on peut concevoir, en pensant à ces choses ; elle était inspirée de
ces rêveries, et elle les inspirait aussi, tantôt subor-
donnée, tantôt dominante, en sorte que parfois les réminiscences de la nature affleurent en quelque sorte dans
la composition, que parfois elles s'effacent pour faire
place à la musique pure. Qui pourrait déterminer le
rapport qui s'établit entre ces images poétiques, fuyantes
et mobiles, et le chant qui les accompagne? Il doit être
aussi variable que celui qui s'établit dans la parole
émue, par exemple lorsque nous décrivons un spectacle
émouvant auquel nous avons assisté, entre la pensée que
nous voulons exprimer et les intonations de notre voix ;
tantôt ces intonations répondent à l'émotion que nous
avons éprouvée, tantôt par une sorte de mimique symbolique elles se font semblables aux objets dont nous parlons, elles en figurent de quelque manière le mouvement,
la grandeur, le caractère et jusqu'à la forme même. Il
ne faut donc pas se demander si tel effet musical exprime
le miroitement de l'eau, ou son murmure, ou l'impression que nous en recevons ; il exprime un peu de tout
cela, parce que tout cela était présent à l'esprit du musicien au moment de l'inspiration.

Il doit en être de même dans une description musicale quelconque. Si elle est vraiment musicale, elle ne reproduira littéralement aucun des bruits que nous pouvons percevoir dans la réalité, la caractéristique de ces bruits étant de n'être pas musicaux ; elle les transposera ; elle ne nous en présentera qu'un équivalent. Et de même, ce sera par une transposition symbolique, par de véritables métaphores qu'elle représentera l'apparence visible des choses. Ce qu'elle nous fera percevoir en réalité, ce ne seront jamais que des notes, des accords musicaux, des mélodies et de l'harmonie, en un mot de la musique pure. Cette musique sera toujours de quelque manière en correspondance avec les visions qui l'ont inspirée. Mais le seul rapport constant que l'on puisse exiger entre ces deux termes, le seul d'ailleurs qui naturellement s'établisse, c'est un rapport d'*harmonie*. — Maintenant, que se passera-t-il dans l'esprit de l'auditeur, quand l'œuvre ainsi composée lui sera soumise ? Ici le mouvement psychique s'opère en sens inverse. Le compositeur allait de l'image au motif musical [1] ; l'auditeur devra aller du motif musical, qui seul lui est donné, à l'image. Il a peu de chances pour la retrouver exactement telle que le compositeur l'avait conçue. Que cela ne nous tourmente pas. N'essayons pas de deviner. La musique a bien autre chose à faire que d'exercer notre sagacité. Laissons-nous

---

1. Wagner a observé sur lui-même ce procédé de composition. Au sujet du prélude instrumental qui accompagne l'apparition d'Elsa sur le balcon, au deuxième acte de *Lohengrin*, il écrit à son ami Uhlig : « Je me suis rendu compte en revoyant ce passage de la façon dont les thèmes se forment en moi : ils se rattachent toujours à une apparition plastique et se conforment au caractère de celle-ci. » Cité par Maurice Kufferath. *Le théâtre de R. Wagner. Lohengrin*, Paris, Fischbacher, 1891, p. 134.

aller, sans nous imposer aucun effort de pensée, à la simple contemplation. Écoutons cette phrase musicale qui nous enchante comme nous écouterions le bruissement du feuillage, sans plus nous préoccuper de lui trouver un sens. D'elle-même la pente de la rêverie entraînera notre imagination dans le sens voulu. Les images qui spontanément nous apparaîtront se mettront en accord avec la mélodie ; elles en prendront l'allure, le caractère, la teinte sentimentale ; et il se trouvera que sans l'avoir cherché nous nous représenterons des scènes de la nature, sinon identiques, du moins analogues à celles que le musicien avait conçues. Nous sommes ainsi entrés dans son œuvre plus profondément que nous n'aurions fait, si nous nous étions appliqués à l'interpréter : nous en avons retrouvé l'intime poésie.

On s'expliquera de la même manière comment la musique arrive à représenter des sentiments complexes tels que l'espérance, le regret, le désespoir, la fureur, la haine ou l'amour.

Par les mêmes procédés qui lui servent à décrire les scènes de la nature, elle évoquera les drames de la vie intérieure. Le compositeur, pénétré du sentiment qu'il veut exprimer, et se donnant l'intense représentation de la scène morale qu'il veut décrire, se laissera simplement aller à l'inspiration musicale ; il ne cherchera pas des accords qui signifient qu'il éprouve cette émotion, mais des accords qui soient en harmonie avec elle et qui la lui rendent amplifiée de leur expression. Tous les mouvements de la passion qu'il éprouve pour son compte ou qu'il prête à son personnage imaginaire, élans ou prostrations, tensions et détentes, auront leur contre-coup dans le tracé de sa phrase mélodique ; ils s'y inscriront comme dans un graphique ; ils détermi-

neront les intonations de ce chant intérieur, thème ini
tial, *toujours improvisé,* qu'ensuite on développe à
loisir. L'auditeur à son tour, s'il a lui-même une âme
passionnée en qui ces accents pathétiques doivent trouver
un écho, éprouvera par contre-coup des émotions analogues ; et ce sont celles-là que la musique lui semblera
exprimer.

Nous avons à chercher enfin quel état d'âme correspond à l'audition de la musique purement musicale, de
celle qui n'a l'intention de figurer quoi que ce soit, et
nous fait simplement percevoir des formes sonores en
dehors desquelles nous n'avons rien à nous représenter.

Elle est poétique, elle aussi. Elle peut l'être à un
degré éminent. Je ne sais si aucun poème, aucune
œuvre d'art, aucun spectacle de la nature donne une
impression de poésie comparable à celle que produisent
certaines œuvres musicales, dont pourtant il serait impossible de dire ce qu'elles représentent ou ce qu'elles
expriment. Notre théorie psychologique semble ici se
trouver en défaut. Nous nous trouvons en présence
d'une œuvre d'art à la perception de laquelle ne semble
s'ajouter aucune rêverie, et pourtant elle est poétique.
A quel titre, et j'allais dire de quel droit l'est-elle?

La musique non descriptive a déjà cela de la rêverie,
qu'elle ne fait aucun appel à la réflexion. Rien ici à
interpréter, rien à expliquer. On parle bien d'idées
musicales ; ce n'est qu'une façon de parler, assez défectueuse d'ailleurs ; ces prétendues idées ne sont que des
thèmes musicaux, des formes sonores, qui n'ont avec
une conception intellectuelle aucune analogie. Après
quelques instants d'audition, la pensée, comprenant
qu'elle n'a rien à faire ici, se désintéresse de ce qui se
passe ; elle s'accorde un répit, et s'endort. On entre dans

l'état purement contemplatif. On assiste au défilé des images sonores. Et ce défilé, lent ou précipité, a toujours quelque chose d'émouvant, de pathétique. Car la musique non descriptive est néanmoins expressive. Elle l'est puissamment et constamment, au point qu'il n'est pas un accent de la mélodie, pas un accent rythmique, pas un accord qui ne corresponde à une nuance d'émotion particulière.

« La musique, dit Taine, a cela d'exquis qu'elle n'éveille pas en nous des *formes,* tel paysage, telle physionomie d'homme, tel événement ou situation distincte, mais les états de l'âme, telle nuance d'allégresse ou de mélancolie, tel degré de tension ou d'abandon, la plus riche plénitude de sérénité ou une mortelle défaillance de tristesse. Toute la population ordinaire d'idées a été balayée, il ne reste que le fonds humain, la puissance infinie de jouir et de souffrir, les soulèvements et les apaisements de la créature nerveuse et sentante, les variations et les harmonies innombrables de son agitation et de son calme[1]. » Tels sont bien les sentiments dont nous affecte immédiatement la musique.

Mais agissant à ce point sur la sensibilité, comment n'exercerait-elle pas indirectement une action sur l'imagination? Comment, nous trouvant dans cet état de détente intellectuelle si favorable au rêve, et par surcroît vibrants, émus, ne rêverions-nous pas? Ce ne sera rien de précis. Mais il est impossible que ces accents pathétiques n'éveillent pas en nous des espoirs, des désirs, des regrets, des nostalgies, qui comme tous nos sentiments tendront à s'épanouir en souvenirs et en images. Cela bien entendu n'est pas obligatoire.

____

1. *Vie et opinions de M. Frédéric-Thomas Graindorge,* ch. XXIV.

Nous avons parfaitement le droit de prendre la musique au sens propre, d'en goûter la facture, l'élégance, la beauté, l'expression purement musicale, et de ne pas nous dépenser à son sujet en émotions ou rêveries supplémentaires. Mais nous appellerons au contraire, ces émotions et ces rêveries de tout notre cœur, si nous sommes poètes. Nous profiterons de cette occasion qui nous est donnée de mettre en jeu notre imagination. Nous irons au-devant des suggestions, loin de leur résister. Nous voyons donc que la musique non descriptive est éminemment poétique en ce sens que plus qu'aucune autre elle nous incite à la libre rêverie.

Elle l'est encore en ce sens qu'elle nous donnera, plus que des tableaux et des statues, plus qu'une action dramatique, plus qu'un poème, *la sensation de l'imaginaire*. La musique est toute d'invention humaine ; elle ne ressemble à rien. Le trait mélodique dessine son arabesque, reste un instant tout entier présent à la conscience, et s'évanouit. Des voix s'élèvent, frémissantes et passionnées, qui ne sont la voix d'aucun être. Parfois s'édifient de merveilleuses architectures ; l'instant d'après elles se trouvent différentes, plus mobiles et décevantes que les palais de la fée Morgane. La musique nous transporte dans un monde étrange et merveilleux, où nous perdons conscience de toutes les réalités. Après quelques minutes d'audition, quand elle nous a saisis tout entiers, elle ne nous donne plus l'impression d'un bruit réel que nous percevrions au dehors ; elle devient intérieure et toute psychique. Elle nous fait l'effet d'un rêve, plus riche, plus coloré, plus pathétique, plus délirant que ceux que peuvent suggérer le haschich ou la fièvre.

Je me souviens de m'être un jour trouvé dans cet état

d'esprit, d'une manière bien caractérisée, au cours d'une audition musicale. Ce jour-là s'était produit ce phéno-mène bien connu, cette émotion intense qui parfois prend un auditoire et revient aux exécutants, dont le jeu devient plus expressif encore : alors l'effet est incom-parable. On ne voit plus rien. La foule pressée sur les gradins, les instruments, la salle, le scintillement des lustres, tout disparaît. Seule, la grande voix de l'or-chestre s'élève comme d'elle-même, et plane dans le silence absolu. J'étais donc perdu dans cette extase. A quoi pensais-je ? A rien je crois. C'était un état de pure contemplation musicale. Mais pendant que je me laissais ainsi aller à cette contemplation, peu à peu, je m'en suis rendu compte après coup, mon attention achevait de se détendre ; je ne m'appliquais même plus à percevoir les formes sonores ; les sons, ne m'affectant plus que comme sensation, devenaient eux aussi un simple état de conscience. Et tout à coup je revins à la réalité. Qui m'y avait ramené ? Peut-être un incident extérieur, un bruit insolite, une sensation de gêne phy-sique due à une immobilité prolongée ; peut-être un retour spontané de l'activité mentale, comme lorsqu'on se réveille simplement parce qu'on a assez dormi. Je regardai autour de moi. L'aspect de la salle, à ce mo-ment, était curieux. Un millier d'êtres humains étaient là immobiles, les yeux fixes, en état d'hypnose, pen-dant que de son bâton le chef d'orchestre, avec de grands gestes, semblait épandre sur eux le fluide musical. Quelle chose étrange que la musique ! Vraiment je ne sais si nous pouvons jamais nous trouver, tout éveillés, dans un état mental aussi voisin du rêve proprement dit que dans l'audition musicale. Enfin ce rêve est esthé-tique de sa nature ; il l'est par obligation, il ne peut pas ne pas l'être. La musique en effet se meut dans l'harmonie ; elle n'emploie que des combinaisons sonores qui présentent par elles-mêmes un caractère de beauté. La matière première qu'elle met en œuvre, le simple son musical est déjà quelque chose d'esthétique ; chacune des notes dont se compose une mélodie est en elle-même un pur accord ; dans son émission même il y a de l'art. Une ligne peut être dépourvue de beauté ; un motif musical ne le peut pas. Ainsi la musique est esthétique par essence. Je ne parle pas seulement de la grande expression pathétique qui sort de l'ensemble d'une œuvre donnée ; mais dans le détail, dans chaque mesure, dans chaque accord, il y a une beauté d'expression. Dans les belles œuvres musicales tout concourt à porter l'impression de poésie à son plus haut degré. Certaines symphonies doivent compter parmi les plus beaux rêves que l'homme ait jamais conçus.

CHAPITRE V

LA POÉSIE LITTÉRAIRE

§ I. — Effet sur l'intelligence.

Nous considérerons enfin une œuvre littéraire, et cher-
cherons à nous rendre compte de ce qui se passe en nous
au cours de notre lecture.

Quand je lis une page de *prose prosaïque,* mon esprit
travaille. Je cherche à comprendre les phrases, à m'as-
similer les idées. Alors même que l'on me parlerait de
choses concrètes qu'il faut que je me représente (description d'une machine, récit d'un fait historique, etc.),
je me sers de mon imagination pour me figurer les
choses dans leur réalité. Jusqu'au terme de ma lecture, j'ai gardé ma pleine lucidité d'esprit.

Même effet si je lis des vers d'un caractère technique,
didactique, philosophique, de ceux en un mot où l'auteur s'est proposé d'exprimer des idées. Je puis les lire
avec intérêt, admirer leur ingéniosité, leurs qualités de
facture, la justesse, la profondeur de la pensée. Ils
peuvent exciter mon intelligence ; mais en fait, et pour

cette raison même, ils ne me donnent à aucun degré l'impression de poésie.

Je dois faire encore à ce sujet une remarque dont on verra tout à l'heure l'utilité : c'est que le sens d'une phrase abstraite et prosaïque est conçu par un acte très rapide de l'esprit et comme dans un éclair. On peut rester quelque temps avant de comprendre ; mais dès que l'intellection se produit, c'est une illumination brusque, instantanée. C'est que de telles phrases nous donnent seulement une *idée* des choses, et l'idée a cette particularité, de ne pouvoir séjourner dans l'esprit ; elle ne peut que passer ; elle est le moment de l'aperception.

Soit au contraire une œuvre poétique. L'allure qu'elle donnera à ma pensée sera toute différente.

Je prendrai à dessein mes exemples dans des œuvres très connues, que chacun ait présentes à l'esprit et sur lesquelles il soit facile de refaire l'expérience.

J'ouvre la Légende des siècles. Je relis le Petit roi de Galice :

> Ils sont là tous les dix, les enfants d'Asturie.
> La même affaire unit dans la même prairie
> Les cinq de Santillane aux cinq d'Oviedo.
> C'est midi ; les mulets, très las, ont besoin d'eau,
> L'âne a soif, le cheval souffle et baisse un œil terne,
> Et la troupe a fait halte auprès d'une citerne.

Quand je commence à lire ces vers, ma pensée est lucide, mon attention excitée. Il me faut interpréter ce texte, comprendre ce que le poète veut dire, me mettre au courant de la situation. Je suis encore moi. J'ai conscience d'être dans ma chambre, un livre en main. Je vois la page imprimée. J'articule en moi-même les mots que je lis. Mais bientôt la suggestion poétique

tend à se produire. Des images m'apparaissent, encore
vagues et indécises :

> Vers le Nord, le troupeau des nuages qui passe,
> Poursuivi par le vent, chien hurlant de l'espace,
> S'enfuit, à tous les pics laissant de sa toison.
> Le Corcova remplit le fond de l'horizon.

Mais je m'enfonce davantage dans ma lecture. L'intérêt dramatique du poème devient plus intense ; la
suggestion opère avec plus de force :

> Alerte ! Un cavalier passe dans le chemin.
> C'est l'heure où les soldats, aux yeux lourds, aux fronts blêmes,
> La sieste finissant, se réveillent d'eux-mêmes.
> Le cavalier qui passe est habillé de fer ;
> Il vient par le sentier du côté de la mer ;
> Il entre dans le val ; il franchit la chaussée ;
> Calme, il approche...

A partir de ce moment, le cours de ma pensée est
décidément orienté dans le sens de la rêverie ; et ce moment précis, que l'on pourrait marquer dans toute œuvre d'imagination, est celui où le lecteur éprouve, pour
un des personnages mis en scène, une émotion sympathique. Jusque-là, on pensait, on imaginait volontairement. A partir de ce moment, on est pris, saisi, entraîné. On entre dans l'état second, dans une sorte de
transe, où l'on devient docile à toutes les suggestions.
Nous nous plaçons au point de vue de ce personnage.
Nous voyons de ses yeux, et avec la netteté que l'émotion donne à nos représentations, les événements qui
vont se dérouler. Ces images visuelles, les premières
apparues, vont amener les autres à leur suite. Quand
s'engagera la scène épique, héroïque, où Roland, seul
contre cent, tranchera de ses grands coups d'épée

géants et bandits, je n'aurai plus conscience de me la
figurer, je croirai la percevoir. Qu'elle soit merveilleuse,
invraisemblable, peu importe maintenant, puisque j'y
assiste ! J'entends les chocs d'armure, les gémissements,
les clameurs de la bataille.

> Durandal, à tuer ces coquins s'ébréchant,
> Avait jonché de morts la terre, et fait ce champ
> Plus vermeil qu'un nuage où le soleil se couche ;
> Elle s'était rompue en ce labeur farouche ;
> Ce qui n'empêchait pas Roland de s'avancer ;
> Les bandits, le croyant prêt à recommencer,
> Tremblants comme des bœufs qu'on ramène à l'étable,
> A chaque mouvement de son bras redoutable,
> Reculaient, lui montrant de loin leurs coutelas ;
> Et, pas à pas, Roland, sanglant, terrible, las,
> Les chassait devant lui parmi les foudrières ;
> Et, n'ayant plus d'épée, il leur jetait des pierres.

Longtemps encore après que la lecture est terminée,
on est hanté de cette tragique vision, d'autant plus
obsédante qu'elle reste inachevée. Elle subsiste au plus
profond de nous-mêmes alors même que nous n'y pensons plus, comme une chose réelle quand nous en dé-
tournons les yeux.

La poésie, avons-nous remarqué, n'est pas inhérente
à la forme du vers. Nous aurions pu tout aussi bien en
demander des exemples à la prose. Il est des pages de
J.-J. Rousseau, de Chateaubriand, de Guyau, de Loti,
de Mæterlinck, qui ont un charme comparable à celui
des plus beaux poèmes.

Veut-on des exemples de la suggestion portée à son
degré le plus intense ? C'est dans l'épopée en prose,
dans le roman que nous en pourrions trouver. Pour des
raisons diverses sur lesquelles nous aurons à revenir, la
prose peut ébranler l'imagination plus fortement encore

que le vers. La lecture d'un roman peut déterminer en nous de véritables hallucinations. Nous ne vivons plus de notre vie propre, mais de la vie des personnages dont nous suivons l'existence aventureuse. Nous souffrons de leur souffrance, nous nous épouvantons de leurs terreurs, nous aimons de leurs amours. Nous les voyons agir devant nous, et pourtant nous sentons que nous sommes en eux, comme dans notre double, comme dans un Moi qui nous serait extérieur. Notre rêverie prend absolument les caractères du songe ; nous sommes aussi étrangers aux réalités extérieures, aussi isolés dans nos représentations que nous pouvons l'être dans le sommeil le plus profond. Et de fait, sommes-nous vraiment éveillés ? Il me semble plutôt que nous entrons dans un état d'hypnose, accompagné de sensations assez particulières qui montrent que quelque chose dans les fonctions physiologiques du cerveau est modifié : c'est dans la tête une sensation de tiédeur un peu fiévreuse et pourtant agréable ; c'est une allure particulière des images qui se présentent par tableaux tout faits, comme des *images coloriées* que l'on regarderait et non comme de simples représentations. C'est à un degré à peine atténué ce qui se produit dans la somnolence d'une lourde après-midi d'été, quand sans fermer tout à fait les yeux on s'accorde quelques minutes de rêvasserie ; ou bien en wagon, dans cette sorte d'excitation cérébrale un peu trouble que cause la trépidation du train, dans cette demi-fièvre qui brouille et accélère les associations d'idées, qui fait apparaître et disparaître brusquement les images, « comme si l'on avait secoué la boîte à souvenirs de l'esprit[1] » ; ou bien

1. André Chevrillon, *Dans l'Inde.* Hachette, 1891, p. 250.

encore au coin du feu, après une longue marche par la
pluie et le vent, quand on s'engourdit dans le bien-être
de la réaction physique, et que l'afflux du sang au
cerveau fait reparaître en demi-hallucination les souvenirs de la journée. Tel est bien l'effet des romans,
surtout lorsqu'il s'agit de ces récits merveilleux qui ont
déjà par eux-mêmes l'allure du rêve : les Mille et une
nuits, Cyrano de Bergerac aux pays du soleil, Gulli-
ver à Lilliput, les Contes fantastiques d'Hoffmann, An-
dersen, E. Poe, Rudyard Kipling ! Visions hallucinan-
tes qui nous font entrer si profondément dans le monde
imaginaire, qu'il nous faudra un effort presque douloureux pour revenir à la réalité. Pendant que nous som-
·mes ainsi hypnotisés, qu'un incident quelconque, une
sonnette qui tinte, une voix qui nous interpelle, nous
tire brusquement de notre rêve : nous avons ce regard
effaré du dormeur qui se réveille en sursaut. Nous considérons avec stupeur les objets qui nous entourent, ne
les reconnaissant plus. Nous revenons de si loin !

Nous avons étudié l'effet de la poésie dans des formes
assez variées pour pouvoir en déterminer la nature.

Nous voyons d'abord que dans la lecture d'une œuvre poétique, notre esprit est plus actif qu'il ne le croit
lui-même. Il nous semble que toute notre activité se
réduit à la contemplation des images qui nous seraient
présentées toutes formées dans l'œuvre même. C'est en
effet de cet acte de vision intérieure que nous avons
surtout conscience; mais le meilleur de notre activité
est consacré à la formation même de ces images. Elles
sont en effet notre œuvre. Nous les attribuons au poète
lui-même, parce que c'est lui qui les a le premier inven-
tées; nous nous figurons même, par une illusion presque irrésistible, les voir dans le texte que nous avons

sous les yeux, comme si elles en faisaient partie inté-
grante. Mais cette page imprimée n'est qu'une surface
blanche maculée de noir. Ce n'est pas là qu'est le
poème qui nous enchante : il est dans les pensées que
nous suggère notre lecture, et ces pensées, nous ne pouvons les retrouver qu'en nous-mêmes, en les concevant
à notre tour, c'est-à-dire en concevant des pensées analogues à celles que l'auteur avait dans l'esprit quand
il écrivait ces lignes. Lire un poète, c'est faire œuvre
de poésie ; c'est imaginer des tableaux conformément
aux indications parfois très brèves qui nous sont fournies. Nous le faisons sans effort, car l'art du poète consiste justement à nous épargner tout effort ; il procède
par suggestions si délicates que nous n'en prenons
même pas conscience ; d'un mot, d'une inflexion de
voix il sait réveiller la poésie latente dans l'âme la plus
vulgaire. Je ne dis donc pas que nous ayons grand mérite à ce travail de restauration mentale. Je constate
qu'il est bien notre œuvre, et que c'est bien dans notre
propre esprit que se déroulent toutes les phases du
poème, par une incessante création d'images qui est dirigée sans doute, déterminée en grande partie, mais
qui demande pourtant une certaine initiative intellectuelle.

En second lieu, nous observons que d'ordinaire la
phrase poétique ne nous livre toute sa signification que
peu à peu, souvent même après coup. Il nous faut un
certain temps pour entrer dans cet état de rêverie qui
caractérise la contemplation poétique. Au moment où
nous lisons un vers, nous n'en apercevons que le sens
littéral : et puis les images apparaissent, en suggèrent
d'autres, qui ouvrent à notre imagination des perspec-
tives illimitées. Les beaux vers ne peuvent se lire que

lentement. Il faut que nous ayons le temps d'en évoquer toute la poésie latente. Les plus poétiques nous font
le plus longtemps rêver. Après qu'on les a dits, on peut
faire silence ; le poème ne sera pas pour cela inter-
rompu ; longtemps encore il continuera de se développer en nous-mêmes par son mouvement propre ; et c'est
peut-être dans cette période qu'il nous donnera l'impression la plus poétique. Ainsi le tintement d'une
coupe de cristal se prolonge en vibrations d'une exquise pureté, dont nous entendons encore la résonance
idéale quand déjà notre oreille ne les perçoit plus.

Nous pouvons déterminer enfin avec quelle force une
œuvre littéraire doit agir sur l'imagination pour produire l'effet le plus poétique.

Entre les œuvres purement intellectuelles que nous
avons citées d'abord comme exemple de prosaïsme absolu, et les œuvres purement imaginatives qui détermi-
nent de véritables hallucinations, il est des degrés à
l'infini.

De ces degrés divers, quel est le plus favorable ?
Examen fait, on reconnaîtra que c'est le degré moyen,
où ne se produit que l'illusion consciente et lucide, caractéristique de l'état de rêverie.

Les poètes s'ingénient à donner à leurs œuvres les
titres les plus divers ; ce seront des Harmonies, des Voix
intérieures, des Chants du crépuscule, des Méditations,
des Contemplations : en réalité, toutes pourraient aussi
bien être intitulées des Rêveries, car elles ne sont pas
autre chose.

Les suggestions trop intenses nous émeuvent comme
le ferait la réalité, mais elles ne nous semblent pas
plus poétiques. Relisez un poème très dramatique,
vous reconnaîtrez que l'impression poétique se produit

surtout dans les instants où l'action se ralentit, et laisse
la pensée prendre l'attitude contemplative : par exemple dans les descriptions qui servent de pause au récit.
Alors les images se développent à loisir. Rappelons-
nous quelques vers qui nous aient paru d'un charme
poétique particulier : nous trouverons que ce sont des
vers contemplatifs plutôt que dramatiques, qui ont dû
être conçus dans un état de vague rêverie auquel ils
nous ramènent.

> Elle voulut aller sur les flots de la mer,
> Et comme un vent bénin soufflait une embellie
> Nous nous prêtâmes tous à sa belle folie
> Et nous voilà marchant par le chemin amer.
>
> Le soleil luisait haut dans le ciel calme et lisse
> Et dans ses cheveux blonds c'étaient des rayons d'or
> Si bien que nous suivions son pas plus calme encor
> Que le déroulement des vagues, ô délice !
>
> Des oiseaux blancs volaient alentour mollement
> Et des voiles au loin s'inclinaient toutes blanches,
> Parfois de grands varechs filaient en longues branches,
> Nos pieds glissaient d'un pur et large mouvement.
>
> Elle se retourna, doucement inquiète
> De ne nous croire pas pleinement rassurés,
> Mais nous voyant joyeux d'être ses préférés,
> Elle reprit sa route et portait haut sa tête.

Verlaine, Romances sans paroles.

Ce sont bien là de ces visions comme on en peut
avoir, au cours d'une paisible traversée, en contemplant
la mer bleue.

De toutes les pages vraiment poétiques que nous
avons pu lire, en prose ou en vers, prenons les plus
délicates, les plus exquises, celles qui nous donnent la
plus pure impression de poésie.

Nous constaterons, le fait est significatif, que ce sont précisément celles où l'auteur *décrit un état de rêverie.* Parfois il parle en son nom personnel, se met lui-même en scène ; parfois il nous présente quelque personnage imaginaire, dont il nous décrit les pensées. Dans tous les cas les représentations auxquelles on nous convie sont de même ordre. L'état d'âme qui est exprimé dans ces pages, c'est bien la rêverie. On n'y voit pas la pensée au travail, faisant effort pour découvrir la vérité ou la démontrer, mais l'esprit détendu, se laissant aller à la contemplation de la nature, au songe intérieur, au jeu des pures représentations. Nous-mêmes, nous nous donnons cet état d'âme en nous le représentant, avec une vague conscience de ne nous en donner que le spectacle. Nous faisons les mêmes songes, mais sans les prendre tout à fait pour notre compte, puisque nous les rapportons à un personnage imaginaire. Alors même que l'auteur parle en son nom personnel, il n'est par rapport à nous qu'une âme étrangère à laquelle nous ne pouvons nous identifier qu'à demi. De là le caractère idéal de ces pages de pure rêverie, et l'exquise délicatesse des impressions qu'elles nous donnent ; en nous qui les lisons, elles sont la représentation imaginaire d'un état purement imaginatif : le rêve d'un rêve.

§ 2. — Valeur poétique de la pensée.

Mais avant d'aller plus loin il importe de nous assurer que notre thèse jusqu'ici ne donne pas prise à la critique.

Que l'imagination joue en poésie un rôle prépondérant, le fait ne saurait être mis en doute. On trouvera sans peine des poèmes de grande valeur littéraire qui ne sont que des rêves ; au lieu qu'il serait impossible de citer un seul poème fait uniquement d'idées pures et de conceptions abstraites : s'il en était de tels, ils n'auraient de la poésie que la forme verbale ; ils ne seraient que de la prose rythmée. On conçoit fort bien une poésie qui ne mette en jeu que l'imagination, on n'en conçoit pas qui exerce l'intelligence seule : et cela suffit à prouver que l'image est en poésie la chose essentielle, l'idée étant tout au plus de luxe. Avec une intelligence moyenne et une imagination vive, on peut être poète ; avec l'intelligence la plus lucide et la plus forte, si l'on est dépourvu d'imagination, on devra renoncer à écrire un vers. Nous pouvons aussi poser en fait, sans crainte d'être contredits, que la poésie attirera plutôt à elle les imaginatifs que les intellectuels, et qu'en nous mettant à son école nous tendrons plutôt à devenir des rêveurs que des penseurs. Mais nous sommes allés plus loin, nous avons dit qu'en poésie l'idée n'est rien, que l'image est tout. Non seulement la poésie s'adresse à l'imagination de préférence, mais elle est toute dans l'effet qu'elle produit sur l'imagination. Elle est pure rêverie.

Cette thèse semblera peut-être trop exclusive.

De quel droit, nous dira-t-on, restreignez-vous à ce point la fonction du poète ? Quoi donc ? N'admettez-vous pas qu'il ait des idées, et les mette dans son œuvre ? Quand il vous en apporte, les accueillerez-vous avec défiance, comme un élément étranger à la véritable poésie ? Et réserverez-vous votre admiration pour le poète incomplet, déséquilibré, en qui l'imagination s'est démesurément développée aux dépens de l'intelligence ? En fait il est des poètes, de très grands poètes qui n'ont pas dédaigné de penser, et qui nous donnent à réfléchir[1]. Il y a de fortes pensées dans Lucrèce ; il y en a de profondes dans Gœthe ; d'ingénieuses et subtiles dans Sully-Prudhomme. L'historien de la philosophie ne saurait négliger la philosophie des poètes. Ainsi votre définition, que vous avez voulu faire aussi large que possible, est en réalité bien étroite, au point de choquer les véritables amis de la poésie.

Je suis allé au devant des objections. Maintenant il faut tirer ces idées au clair.

Qu'on ne se méprenne pas sur ce que je veux affirmer. Jamais je n'ai songé à dire que la pensée pure ne jouait et n'avait à jouer aucun rôle dans l'art des vers.

Sur la part qu'il convient de lui attribuer, je n'ai pas à me prononcer ici. Nous ne nous faisons pas tous de la fonction du poète le même idéal, et par conséquent des divergences se produiront toujours quand il faudra décider si telle œuvre donnée est ou n'est pas de bonne et vraie poésie. Les uns demanderont au poète de la

1. On trouvera dans l'*Esthétique* d'Eugène Véron un intéressant plaidoyer en ce sens. Il loue la poésie d'avoir, seule de tous les arts, le privilège d'exprimer directement des pensées et de s'adresser sans intermédiaire à l'intelligence. « L'effort pour exprimer directement une pensée par la sculpture ou la peinture est presque fatalement condamné à l'insuccès. La fusion entre les deux éléments ne se fait pas ou se fait mal, et laisse l'impression d'une sorte de placage. La poésie se prête bien plus facilement au mélange de l'idée et du sentiment. Elle passe de l'un à l'autre sans effort et souvent tire de cette union d'admirables effets. Quand le poète joint aux facultés spéciales de l'artiste la hauteur et la générosité de la pensée, il nous paraît deux fois grand et l'œuvre gagne à cette impression un redoublement de puissance... Les idées, en somme, ont leur poésie comme les sentiments, et il n'y a pas de raison pour que l'art néglige cette source d'émotions. » *L'Esthétique*, Reinwald, 1878, p. 404.

pensée, les autres des images, les autres du sentiment, les autres de la musique.

Entre ceux qui admirent Victor Hugo, ceux qui s'enchantent de Lamartine ou qui se délectent dans Mallarmé, il ne sera pas facile de s'entendre. Il est clair que chacun, jugeant des effets que doit produire la poésie d'après les impressions qu'il reçoit de son poète favori, les décrira différemment. Il est des vers, tels ceux de la poésie philosophique au xviiie siècle, qui n'évoquent que l'idée des choses et ne s'adressent qu'à l'entendement. A la fin du xixe siècle, en France, la poésie se charge d'images, de représentations concrètes ; certaine école affectera même d'en éliminer la pensée, et se complaira dans des séries d'images juxtaposées sans aucun lien logique. Nous nous trouvons donc en présence d'un certain nombre d'œuvres de caractère très différent, où l'élément pensée et l'élément image sont dosés en toutes proportions. Chacune a ses admirateurs, qui la tiennent pour le type exemplaire de la poésie. Choisirons-nous entre elles, en décidant que celle-ci représente la poésie plutôt que celle-là ? Un tel choix serait arbitraire. De ce qu'un idéal est le nôtre, il ne s'ensuit pas qu'il soit le vrai.

Quand on voit les goûts se partager à ce point, quand on constate de telles divergences entre esprits également sincères, également épris du beau, on comprend que l'on aurait mauvaise grâce à prétendre imposer son opinion personnelle : la conciliation s'impose. Faute de pouvoir choisir entre les diverses conceptions de la poésie, le psychologue les tiendra pour équivalentes.

Il les étudiera toutes avec un égal intérêt : aucune ne devra être exclue de ses analyses. Nous n'avons donc à entrer dans aucune querelle d'école. Nous faisons ici de l'esthétique expérimentale, non de l'esthétique rationnelle. Nous cherchons d'où vient en fait, dans une œuvre poétique quelconque, l'impression de poésie. Nos préférences esthétiques n'ont que faire dans cette enquête, et ne doivent influer en rien sur le résultat.

Ce que j'ai voulu dire, c'est que la pensée pure n'a rien de poétique, et par conséquent qu'elle ne doit pas entrer dans notre définition de la poésie.

Quand nous disons que la poésie ne s'adresse pas à l'intelligence mais seulement à l'imagination, on comprendra que ce qu'il y a de vraiment poétique dans un poème, ce ne sont pas les idées, mais les images : et je crois que personne ne fera difficulté de l'admettre. On ne nous objectera plus que certains poèmes valent aussi par la pensée, et ne nous font pas seulement rêver, mais encore réfléchir. Je suis le premier à le reconnaître. Je sais de très beaux vers qui ne disent rien à l'imagination ; ils valent par la beauté même de l'idée : mais personne ne songerait à dire qu'ils sont vraiment, poétiques ; aussi devra-t-on être d'accord avec moi, quand je dirai que *cela n'est pas de la poésie*. Que le poète soit en même temps un penseur, rien de mieux : nous ne tenons nullement, en matière d'art, à la division du travail et à la séparation des genres. Nous n'exigeons pas que le poète soit uniquement poète, et le soit toujours, sans répit ni défaillance, à jet continu. Étant plus varié, il fatiguera moins. Étant plus complet, il produira une impression esthétique plus puissante. Tout ce qu'il mettra d'idées dans son œuvre nous la fera davantage admirer ; ses vers en seront d'autant plus beaux : mais ils n'en seront pas plus poétiques.

Toutes les observations que nous venons de faire sur la poésie des poètes, nous les aurions pu faire aussi bien

sur la poésie des prosateurs. Car elle est essentiellement de même nature. Peut-être même nous serait-il
plus facile, sur des exemples empruntés aux prosateurs,
de faire accepter notre définition de la poésie. On est
accoutumé en effet, quand il s'agit des vers, à ne pas
considérer à part l'élément spécialement poétique;
idées abstraites, images, tout cela pêle-mêle contribue à
nous donner une impression d'ensemble; on est donc
porté à croire que tout le contenu des vers est de la
poésie. De là les confusions que nous signalions tout à
l'heure, et la résistance qu'on nous opposait. Considé-
rant en bloc la manière de penser des poètes, on n'a
plus pour la caractériser d'autre ressource que de l'opposer à la manière de penser des prosateurs; mais les
différences ne sont pas très nettes; on voit bien d'une
façon générale que la poésie agit davantage sur l'imagination; mais qu'elle consiste exclusivement dans l'effet
produit sur l'imagination, cela paraît paradoxal et inad-
missible.

Quand au contraire on parle de la poésie des prosateurs, il n'y a pas de méprise possible. Chacun comprend qu'il la doit chercher spécialement dans les pas-
sages qui produisent à son plus haut degré l'impression
poétique, par opposition à ceux qui ne la produisent à
aucun degré. On conçoit plus facilement que cette
poésie doit consister dans une façon de penser particulière, dans un élément psychique spécial qu'il est possible de dégager, au moins par abstraction.

Nous maintiendrons donc en toute rigueur notre
théorie, affirmant que la poésie est faite d'imagination,
et non de pensée. Les idées peuvent être très belles,
elles ne sont jamais poétiques. Tout au plus peuvent-
elles servir comme d'introduction à la poésie, quand

elles sont de nature à frapper l'imagination et à déterminer un courant de représentations concrètes ; souvent
une réflexion s'achève en rêverie, et finit ainsi par
prendre le caractère poétique.

L'idée générale est si l'on veut de la poésie latente ;
elle enferme à l'état virtuel, condensées en une brève
formule, une multitude d'images que nous pourrions
développer si nous en avions le loisir. Mais c'est précisément parce qu'elle les tient à l'état virtuel qu'elle
est une pure idée générale : développez son contenu,
ce n'est plus elle que vous concevez. La pensée réfléchie
est une concentration ; la poésie est une expansion. Les
deux mouvements sont inverses. Ils peuvent alterner,
ils peuvent même s'appeler l'un l'autre ; mais ils s'ex-
cluent nécessairement. Toujours la poésie commence
au moment où l'on cesse de penser et de réfléchir pour
ne plus faire que rêver.

Je sais que pratiquement il est assez difficile, dans
une œuvre donnée, de distinguer l'idée de l'image, la
conception abstraite de la représentation concrète. Dans
presque toute œuvre littéraire, l'intelligence et l'imagination travaillent en synergie[1]. Il est très rare que
l'idée se présente à l'état pur ; dans l'expression de la
pensée la plus abstraite, on trouverait encore les métaphores inhérentes au langage, qui prouvent une intervention de l'imagination ; et d'autre part, dans l'interprétation de la phrase la plus imagée, l'intelligence joue

---

1. Il est à remarquer que chez les philosophes la profondeur de
la pensée n'exclut nullement l'imagination. Il y aurait une étude
spéciale à faire de la poésie des philosophes. Quelques-uns ont eu
une merveilleuse imagination ; il y a peu de choses plus poétiques
dans la littérature grecque que les mythes de Platon. Guyau, dans
tous ses ouvrages, a fait une large place à la poésie (Voir par

toujours un rôle. Il y a d'ailleurs des degrés à l'infini dans l'abstraction; on ne saurait dire exactement où elle commence et où elle finit. Il est pourtant un moyen empirique d'opérer cette distinction. En fait l'idée est plus engagée dans les mots que l'image; elle est à peu près inséparable dans notre esprit de son expression verbale. Essayez de concevoir isolément le sens d'un mot abstrait, votre intelligence s'y refuse. Lisez une page de philosophie abstraite et demandez-vous, sans articuler en vous-même aucune phrase, ce que cela veut dire, c'est le vide mental, vous êtes impuissants à rien concevoir. Pour une raison ou pour une autre, peut-être parce qu'elle n'est elle-même qu'une abstraction, peut-être parce qu'elle est pure virtualité, l'idée des choses abstraites ne peut être réalisée dans la conscience en un acte distinct; elle n'est conçue qu'en fonction des mots qui l'expriment. Il n'en est pas de même des images. Nous n'avons que faire du langage pour nous les représenter. Ce sont des états de conscience réels, concrets, isolables, indépendants de toute expression verbale, au point que le difficile n'est pas de les dégager de la parole intérieure, mais plutôt de trouver des mots pour les rendre. Nous ne parlons pas nos rêveries. Les images passent; et silencieux, charmés, nous les suivons du regard. Nous avons donc ici un signe qui nous permet d'isoler par analyse dans une œuvre littéraire l'élément purement

exemple, dans l'*Irréligion de l'avenir*, l'allégorie de la fiancée toujours déçue qui tous les matins revêt sa robe blanche, ou du voyageur épuisé de fièvre qui suit des yeux l'onduleuse caravane de ses frères en marche vers les pays inconnus ; dans la *Morale sans obligation ni sanction*, la page vraiment sublime qui dans les flots en mouvement nons montre le symbole du roulis éternel qui berce les êtres). Le style de H. Bergson est aussi très richement imagé.

poétique. Seules sont poétiques les pensées qui pourraient être aussi bien conçues sans le secours d'aucune expression verbale. Laissez tomber tout ce qui doit être dit pour être pensé ; conservez ce qu'il est plus facile de se représenter que d'exprimer : ce qui restera sera précisément l'élément poétique.

Nous disions tout à l'heure que la poésie n'est pas dans les livres ; nous comprenons maintenant à quel point elle est indépendante des mots eux-mêmes, et des artifices du style, et de toute forme verbale.

Peut-être Schiller avait-il raison de dire *qu'au point de vue de l'art* le fond n'est rien, que la forme est tout. Au point de vue poétique c'est tout le contraire : le fond est tout, la forme verbale n'est rien. La pensée poétique n'est pas contenue dans le vers comme dans un vase dont elle prendrait la forme plus ou moins élégante ; elle est simplement suggérée par le vers ; les mots que le poète assemble avec tant de soin ne sont que des signes conventionnels qu'il fera passer devant nos yeux pour déterminer en nous, par réflexe psychique, certaines représentations.

Certes on peut exiger que le poète soit passé maître dans l'art de manier les mots ; on comprend même qu'il ait, plus encore que le prosateur, le souci de l'expression verbale, les pensées qu'il veut nous suggérer, étant de celles qui trouvent le plus difficilement une expression adéquate. Mais nous ne devons pas oublier que la façon dont l'image poétique nous est suggérée est chose après tout secondaire ; les effets de style sont un moyen d'expression, ils ne doivent pas être un but.

Aussi nous garderons-nous de leur attribuer trop d'importance ; nous nous rappellerons qu'en poésie surtout les mots ne doivent pas attirer l'attention ; ils sont faits pour être oubliés ; seule importe la qualité poétique des représentations qu'ils nous auront suggérées, après leur passage dans l'esprit.

§ 3. — Valeur poétique du sentiment.

Il nous reste à déterminer quel est dans la poésie littéraire le rôle du sentiment.

Sur ce point les avis sont très partagés. Toute une école littéraire se refuserait à attribuer une réelle valeur poétique au sentiment. Elle concevrait plutôt la poésie comme un art de pure représentation, tout objectif, dont les sentiments personnels du poète devraient être autant que possible exclus. C'est une vieille idée d'Aristote. Le poète est par définition un imitateur. En composant sa fable, il doit se mettre les choses sous les yeux lé plus exactement qu'il peut, et les décrire en termes tels, que nous nous imaginions assister à la réalité même. Personnellement il ne doit prendre la parole que le plus rarement qu'il peut ; car ce n'est point quand il parle en son nom qu'il est imitateur.

Nous retrouvons ces mêmes idées dans Gœthe. La mission du poète est la représentation. Cette représentation est parfaite quand elle rivalise avec la réalité, c'est-à-dire quand ses peintures sont animées par le génie de manière à faire croire à la présence des objets. La poésie, à son plus haut degré d'élévation, est tout extérieure. Lorsqu'elle se retire au dedans de l'âme, elle est en voie de déclin. Le poète se mettrait donc au-dessus et en dehors de son œuvre ; il animerait ses personnages d'une vie intense et passionnée sans se départir lui-même de son olympienne sérénité. Pour conserver toute sa liberté de création, pour que les produits de son génie puissent se développer avec un calme artistique, dans la paix et l'harmonie, il s'affranchira de toute préoccupation pratique, il contemplera le monde d'un œil calme et libre.

Je cherche ce qu'il peut y avoir de juste dans cette théorie. En l'examinant, j'y vois l'exagération de quelques idées justes, et finalement une méprise.

Je lui donnerais raison si elle se contentait d'affirmer qu'il ne faut pas abuser de la poésie subjective et du sentiment personnel. Il est certain que trop de poètes restent enfermés dans leur Moi, s'analysant avec complaisance, épiant leurs moindres sensations pour nous les décrire, ramenant avec une regrettable insistance la conversation sur leurs peines de cœur et leurs déceptions en amour. Ces confidences intimes sont de la poésie ; elles ne peuvent être toute la poésie. La description d'un Moi est décidément un sujet trop mince. Le poète, reclus en lui-même, n'a plus aucune occasion de se renouveler, de se développer ; il tourne dans un cercle d'idées et de sentiments de plus en plus étroit. En même temps qu'il se retire de nous, il nous éloigne de lui. Quelle sympathie réelle peut nous porter vers cet homme qui n'a pas une pensée pour nous ? Il restera donc enfermé dans son splendide isolement, et perdra presque toute action sur les âmes. — Que le poète commence donc par vivre sa vie personnelle ; que jeune il chante son amour, ses désirs et ses mélancolies. Mais cette poésie de la vingtième année ne saurait lui suffire. Qu'ensuite il sorte de lui-même. Qu'il s'aperçoive que les hommes existent, qu'il y a d'autres intérêts que les siens, d'autres souffrances que les siennes. Qu'il nous parle de nous-mêmes ; qu'il s'intéresse à tous les problèmes pour lesquels se passionne l'humanité ; ou qu'il se fasse créateur, qu'il compose une œuvre épique ou romanesque ; qu'il donne à ces êtres de fiction qu'il met en scène une telle intensité de vie, qu'à jamais ils resteront dans la mémoire des hommes, plus vivants qu'aucun être réel. L'heure de la poésie objective est venue. On a raison d'y voir un élargissement et une forme supérieure de la poésie : jusqu'ici nous sommes pleinement d'accord. Mais de ce que le poète s'affranchit des égoïsmes du sentiment personnel, on conclut à son impassibilité. C'est ici que commence la méprise, et que nous devrons nous séparer. Ce qu'on ne voit pas, c'est que si le poète se détache ainsi de lui-même, ce n'est pas par indifférence, c'est par désintéressement et générosité de cœur. Ce passage à la poésie objective ne marque pas une restriction, mais au contraire une extension, un suprême épanouissement de la sensibilité. Comme le disait Guyau, dans son émouvant adieu à la poésie personnelle :

> Quand on s'oublie assez soi-même
> On tait sa joie et ses douleurs ;
> Les yeux tournés vers ceux qu'on aime
> On n'a d'autres maux que les leurs.
>
> L'art est trop vain, et solitaire ;
> Rêver est doux, agir meilleur ;
> En ce monde j'ai mieux à faire
> Que d'écouter battre mon cœur.
>
> Que l'amour aux autres me lie !...
> Dans le cœur d'autrui je me perds ;
> — Rires ou larmes de ma vie,
> Valiez-vous seulement un vers[1] !

1. *Vers d'un philosophe*. F. Alcan, 1896, derniers vers.

Ce n'est pas d'un œil calme et libre que le poète contemple le monde ; c'est avec un intérêt passionné, avec une large sympathie. Sa fonction n'est pas de nous représenter les choses telles qu'elles sont, ou telles qu'elles nous apparaissent vues du dehors : un miroir y suffirait. Il faut qu'il nous présente une œuvre vivante et passionnée, qui frappe l'imagination en touchant le cœur ; il n'y réussira pas, s'il est lui-même rebelle à l'émotion et incapable d'aimer. L'impassibilité sied au savant, peut-être au philosophe. Elle conviendrait mal au poète.

J'admets encore que la poésie ne requiert pas des émotions d'une intensité extrême. Trop poignantes, elles nous saisiraient avec tant de force que nous ne pourrions plus en faire un objet de contemplation, et que toute impression de beauté disparaîtrait. Nous sortirions de la poésie, pour rentrer dans la vie réelle. Le seul fait de composer un poème suppose un certain calme, une possession de soi, un souci d'art, incompatible avec les crises de la passion. La sensibilité indispensable au poète est une sensibilité d'artiste, qui dans ses émotions les plus sincères garde le besoin de l'harmonie et le sens de la beauté. Certains sentiments sont trop intenses pour se traduire en vers. L'extrême douleur s'exprimera par un cri, par une plainte, par des paroles amères, par un mouvement de révolte, non par de la poésie. C'est quatre ans après la mort de sa fille, que Victor Hugo pouvait écrire les vers sublimes où s'est exhalée sa douleur de père.

> Maintenant que du deuil qui m'a fait l'âme obscure
>   Je sors pâle et vainqueur,
> Et que je sens la paix de l'immense nature
>   Qui m'entre dans le cœur...
>
> *Contemplations : à Villequier.*

Il fallait que sa douleur se fût apaisée, qu'elle fût devenue résignée, contemplative et comme stagnante pour comporter une expression poétique.

Tout cela est vrai ; mais tout ce que l'on en peut conclure, c'est que le sentiment poétique ne doit pas avoir une violence telle, qu'il exclue la libre rêverie ou qu'il enlève au poète tout son sang-froid. De là jusqu'à l'impassibilité, il y a loin.

Il est bien rare en somme que nos sentiments atteignent ce degré d'intensité, où ils cesseraient d'être poétiques. Le poète pourra même sans inconvénient dépasser un peu la mesure, aller au-delà de la poésie, oublier qu'il fait œuvre d'art, et mettre tout son cœur dans ses vers. Ces sentiments, qui ne sont plus poétiques pour lui, le seront encore pour nous, qui ne les éprouvons en effet que par sympathie, et par conséquent à un degré assez atténué pour pouvoir en faire, si intenses, si violents, si déchirants qu'ils soient, un objet de contemplation.

Nous n'avons donc aucune raison pour regarder le sentiment avec défiance, comme un élément perturbateur, que le poète doit autant que possible éliminer de son œuvre. L'excès de sensibilité est un défaut rare, et qui d'ailleurs, au point de vue poétique, n'aurait pas de grands inconvénients. Nous craindrions beaucoup plus la froideur, le défaut d'émotion.

Quand le sentiment décroît, l'effet poétique est moindre. Un poète qui réussirait à s'interdire toute émotion n'aurait fait que renoncer à son moyen d'action le plus efficace. A la rigueur il pourrait suppléer à ce défaut par d'autres qualités poétiques. S'il joignait à une certaine sécheresse de cœur une intelligence souveraine, une extraordinaire puissance d'imagination, il pourrait encore écrire de très beaux vers, magnifiques d'images, superbes de pensée ; mais il y manquerait toujours quelque chose, cette puissance d'émotion sans laquelle il n'y a pas de complète poésie. Nous aussi nous contemplerons son œuvre d'un œil calme ; elle nous restera étrangère, ne nous touchant pas le cœur. Ou bien il faudra que le poète réussisse à nous émouvoir sans être ému lui-même, et cela est possible à force d'art. On peut composer à froid des vers passionnés. On peut jouer magistralement du cœur humain sans se laisser prendre soi-même à ce jeu. Mais cette sorte de ruse est-elle bien digne du poète ? Peut-elle réussir tout à fait ? Il sera bien difficile de donner aux émotions feintes l'intonation de l'émotion vraie. On les mettra trop en dehors, à la façon romantique, et elles se trahiront par leur emphase ; ou bien on affectera de les refouler en soi-même, de les comprimer par un puissant effort de volonté, et ici encore on mettra de l'exagération. Il est malaisé de jouer parfaitement la comédie ; le plus habile simulateur finit toujours par laisser percer l'artifice. Le plus sûr moyen d'avoir l'air ému, c'est encore d'éprouver une émotion réelle. — Mais s'il n'est pas dans mon tempérament d'en éprouver ? — Alors n'écrivez pas de vers ; ou faites de la poésie pittoresque, descriptive, didactique, philosophique. Le champ de la poésie est large ; il n'y manque pas de débouchés, même pour les esprits secs et les impassibles. Seules les régions supérieures leur sont interdites.

Je doute que l'on puisse citer un seul poète, vraiment poète, qui ait été dépourvu de sensibilité, un seul vers vraiment poétique d'où l'émotion soit absente. Je n'en trouve pas pour mon compte. Je ne crois même pas que la chose soit possible[1]. Il y aurait vraiment contradiction. Je vois seulement quelques poètes, quelques écrivains qui ont affecté l'impassibilité, d'ordinaire avec une exagération voulue, comme s'ils craignaient qu'on ne s'y trompât. Quant à ce ton d'ironie que prennent parfois les poètes les plus impressionnables pour parler de leurs émotions, il ne faut même pas y voir une affectation de froideur ; ce n'est qu'un effort pour refouler un sentiment excessif auquel ils craindraient de s'abandonner : ainsi l'on sourit quand on sent venir les larmes, pour réagir contre son émotion ; et c'est précisément quand on lutte contre elle qu'on en sent mieux la force.

Il nous paraît impossible en définitive d'exclure le sentiment de la définition de la poésie.

Nous nous garderons aussi de l'excès contraire, de celui qui consisterait à ne voir dans la poésie que l'exaltation du sentiment. L'attention des théoriciens et des critiques s'est en général portée trop exclusivement sur les effets pathétiques de la poésie. Ils verront dans l'aptitude à être vivement ému la qualité essentielle du poète, et dans la transmission de ces émotions la fin suprême de son art. La valeur d'une œuvre se mesurera à l'effet qu'elle produit sur le sentiment. Ce sont là des idées courantes. Ce préjugé est tellement enraciné, que les réserves que je vais être obligé de faire sembleront à plusieurs choquantes ; elles feront l'effet d'une hérésie.

---

1. Th. Ribot a bien montré que l'imagination inventive doit toujours être stimulée par quelque émotion. « Toutes les formes de l'imagination créatrice impliquent des éléments affectifs .. Toutes les dispositions affectives quelles qu'elles soient peuvent influer sur l'imagination créatrice. » *Essai sur l'imagination créatrice*. F. Alcan, 1900, p. 27 et 28.

Il le faut reconnaître pourtant. Le sentiment n'est pas et ne peut pas être en poésie la chose essentielle.

Avant d'exprimer des émotions, il faut que la poésie existe. La musique en exprime également ; et la peinture ; et la sculpture. Bien plus, ces différents arts pourront exprimer des sentiments de même nature. Ils diffèrent pourtant les uns des autres. Les définir principalement par la propriété qu'ils ont d'agir sur le sentiment, leur assigner cette fonction comme leur fin suprême, ce serait négliger justement ce qui les différencie les uns des autres, ce qui caractérise chacun d'eux et constitue leur essence propre. La vertu pathétique est une propriété commune à toute œuvre d'art ; une qualité que la poésie, elle aussi, doit posséder, sous peine d'être inférieure aux autres arts : ce n'est pas sa qualité essentielle et distinctive.

L'émotion qui nous reste de la lecture d'un poème est chose aussi précieuse que l'on voudra. La regarder comme la fin même pour laquelle a travaillé le poète ; ne voir, dans les vers qu'il nous présente, qu'un moyen d'exprimer cette émotion, ce serait un contresens esthétique. Appliquez cette conception à l'art. Quand vous regardez une œuvre sculpturale d'une expression pénétrante, par exemple le Monument aux morts de Bartholdi, estimerez-vous que la tristesse qui s'en dégage est le véritable objet de cette représentation, et la seule chose que nous en devions retenir ? Evidemment non. Tant de marbre, d'études successives, d'efforts de composition, pour nous suggérer seulement cette pensée, qu'il est triste de mourir, ce serait un labeur presque dérisoire. Quelques mots pathétiques, quelques accords musicaux suffiraient pour nous communiquer à moins de frais une émotion aussi intense. Dégager de l'ensemble des suggestions produites, par une sorte d'abstraction, la tristesse que l'œuvre exprime, et n'y plus voir que cela, comme si c'était la chose principale et essentielle, c'est intervertir absolument les valeurs. Ce que l'artiste nous apporte, ce n'est pas de la douleur, c'est une magnifique et douloureuse vision. Il en est de même pour la poésie. Ce n'est qu'exceptionnellement qu'elle exprime des sentiments purs ; elle nous suggère des images toutes pénétrées de sentiment et qui doivent à cette expression un surcroît de valeur esthétique, mais qui ont une valeur en elles-mêmes, abstraction faite de ce sentiment.

L'émotion, directement exprimée, n'a en soi aucune valeur poétique. « J'aime ! Je souffre ! » Ces émotions, exprimées avec force, ou bien analysées dans leurs nuances, peuven être très intéressantes en elles-mêmes, exciter une vive sympathie : je ne vois là rien qui ressemble à de la poésie. Le sentiment, même le plus profond, le plus tendre, le plus délicat, n'est poétique que par son retentissement dans l'imagination ; et c'est précisément la fonction du poète, de développer ces images consécutives ou déterminantes de l'émotion. C'est en cela qu'il fait œuvre de poésie.

On ne peut dire qu'une œuvre d'art sera poétique par le seul fait qu'elle sera très pathétique. Il est des romans et des drames où l'émotion est portée à son maximum d'intensité, et qui pourtant ne nous donnent aucune impression de poésie. Cela pourtant devrait être impossible si la fin suprême de la poésie était d'exalter le sentiment.

On ne peut même admettre que toute émotion augmente la valeur poétique de l'objet qui nous la donne. Le sentiment n'a donc pas en lui même et par essence une vertu de poésie. Il sera poétique dans certaines conditions qu'il s'agit de déterminer. Mais dès maintenant nous pouvons regarder la discussion de principe comme close.

Le sentiment, disaient les uns, n'est rien en poésie. Il est tout, disaient les autres. Nous avons reconnu que les deux thèses étaient exagérées. La vérité est entre ces deux extrêmes. Nous regardons comme établi ce moyen terme, que la poésie, pour atteindre son optimum d'effet, doit de quelque manière toucher le cœur ; et c'est à cette formule que nous nous en tiendrons. Cela posé, nous pouvons avancer dans notre enquête, en cherchant de quelle nature sont ces émotions qui concourent de façon indéniable à l'effet poétique.

Nous avons déjà montré quel devait être leur degré d'intensité. Ce que nous cherchons ici, c'est quelle doit être leur nature. La poésie trouvera de préférence son aliment dans les sentiments contemplatifs, qui ne nous portent pas à l'action, et qui supposent plutôt un certain détachement de tout intérêt pratique ; car ce sont ceux-là qui sont le plus favorables à la rêverie. L'inquiétude, l'angoisse, la peur n'ont rien de poétique ; ce sont des sentiments qui donnent trop à réfléchir : ils tiennent l'esprit cruellement éveillé, ils donnent envie de se débattre contre l'avenir.

Dans sa *Jeune captive*, André Chénier, avec un tact exquis de poète, s'en est tenu au ton de la mélancolie ; ces belles stances n'expriment que le regret anticipé de la vie : la moindre allusion au supplice, un simple frisson en gâterait le charme.

Bien des poètes, en strophes désespérées, ont chanté la mort ; ils pouvaient la chanter parce qu'elle est fatale, et qu'il n'y a rien à faire contre elle ; la tombe est d'avance ouverte ; tous y viendront ; un à un les vivants sont engloutis ; c'est une chose à laquelle on assiste, un lugubre objet de contemplation, qui n'inspire pas la terreur, mais plutôt la pitié, une large pitié qui s'étend sur l'humanité entière. La crainte d'un danger terrible, mais évitable, et surtout d'un danger personnel, produirait un effet beaucoup plus dramatique, mais beaucoup moins poétique.

Il est toute une catégorie de sentiments qui sont provoqués par de simples représentations. Ce sont ceux qui se rapportent à quelque chose de passé, ou de futur, ou de lointain, ou de fictif. Ils sont moins vifs mais plus poétiques que ceux qui impliquent la présence effective de l'objet. Cela se conçoit sans peine, la nette conscience de la réalité étant incompatible avec la condition essentielle de la poésie, qui est l'état de rêverie. Les regrets, les espoirs, les nostalgies sont au contraire très poétiques comme étant des sentiments rêveurs qui se rapportent à un objet tout idéal.

La plus exquise poésie sentimentale est celle des *sentiments imaginaires* ; j'entends par là ceux qui non seulement se rapportent à un objet idéal, mais qui sont eux-mêmes imaginés.

Quand par exemple on me montre un personnage de roman engagé dans quelque situation pathétique, en même temps que je me représente les objets dont il est ému, je me figure ses émotions ; elles deviennent pour moi un objet de contemplation ; et cette représentation du sentiment est plus poétique que le sentiment même. Elle lui donne l'idéalité des pures images, le charme de l'irréel. On dira peut-être, pour expliquer ce singulier état d'âme, que ces prétendus sentiments imaginaires sont tout simplement des émotions très réelles, que j'é-

prouve par sympathie en me représentant la situation du personnage, et que j'objective en les lui attribuant ; à ce compte, l'effet de la lecture serait d'exciter en moi des sentiments vrais, joie, tristesse, crainte, amour, que j'utiliserais en les faisant entrer dans les phrases où l'écrivain décrit l'état d'âme de son héros. Mais cette analyse me semble très défectueuse. Je ne nie pas la possibilité de ce contre-coup sympathique des sentiments exprimés ; il est très vrai que parfois, me mettant en imagination à la place du personnage romanesque, je finis par me laisser entraîner ; je me fais, des sentiments décrits, une émotion personnelle, qui m'étreint réellement le cœur ; comme le spectateur trop impressionnable quand vient une scène attendrissante, j'accorde de vraies larmes à de simples représentations. Mais ce n'est pas par là que je débute. Avant de sympathiser avec une émotion, il faut bien que nous ayons commencé par nous la représenter. Le plus souvent même, nous en restons là. Nous n'allons pas jusqu'à prendre à notre compte tout ce pathétique ; il reste pour nous un spectacle ; ou si ce spectacle nous émeut, notre émotion personnelle différera de celle que l'on nous représente, en sorte qu'il sera impossible de les confondre ; ainsi un poème douloureux m'inspirera de la pitié, une scène pathétique de l'admiration. On ne le peut nier : il y a des sentiments imaginaires, ou des images de sentiments, qui psychiquement diffèrent d'un sentiment réel autant que la simple représentation d'un objet diffère de sa réelle vision.

La différence n'est pas seulement dans le degré d'intensité. Se représenter la souffrance par exemple, ce n'est pas réellement souffrir, même à un degré atténué et d'une manière superficielle : c'est tout autre chose.

Se rappeler une joie qu'on a eue, ce n'est pas se réjouir ; quelquefois même c'est s'attrister. — Cette faculté de représentation concrète du sentiment comporte bien entendu des degrés divers ; elle doit être, comme les facultés de vision ou d'audition mentale, très inégalement répartie. On doit la supposer particulièrement développée chez les romanciers, chez les poètes, et chez toute personne qui se complaît dans la lecture des poèmes et des romans, car c'est dans de telles œuvres que l'imagination sentimentale trouve le plus d'occasion de s'exercer.

J'indiquerais encore, parmi les caractères qui contribuent à rendre un sentiment plus poétique, le fait qu'il soit comme on dit *sympathique*, c'est-à-dire qu'il soit de ceux que nous comprenons, que nous admettons, et dans lesquels nous entrons volontiers.

Quand par exemple, lisant une œuvre d'imagination, nous y trouvons exprimés des sentiments qui sont en concordance avec les nôtres, l'expression la plus discrète de ces sentiments est immédiatement saisie ; nous la comprenons à demi-mot ; elle trouve dans notre propre cœur un écho qui la prolonge et achève de la développer. Si par excellence l'émotion exprimée est de celles qui sont universellement sympathiques, c'est-à-dire que tout homme est disposé à partager, l'expression pathétique de l'œuvre s'amplifie encore du sentiment de cet unisson moral.

Toute parole exprimant des sentiments égoïstes ou antipathiques a des intonations sèches : elle semble tomber, isolée, dans un silence froid. Toute parole exprimant un sentiment généreux nous semble plus vibrante. Les grands poètes sont ceux qui nous donnent ces grandes émotions collectives. Leurs sentiments les plus personnels sont toujours largement humains ; ils enveloppent et engendrent d'autres sentiments à l'infini. De là cette magnifique sonorité que prend leur voix, comme si toujours un chœur invisible chantait avec eux.

Nous voici amenés ainsi à poser le caractère vraiment distinctif des sentiments poétiques, le caractère de *beauté*. Il faut que nous puissions trouver en eux quelque chose de charmant, de délicat, de touchant, de noble, d'élevé, en un mot que nous puissions leur appliquer quelque qualificatif d'ordre esthétique.

Dès que dans les sentiments qu'exprime une œuvre littéraire, nous pouvons soupçonner quelque chose de mesquin ou de bas, toute impression de poésie s'évanouit.

Ce caractère de beauté prime tous les autres ; il les résume et les implique. Le degré d'intensité des sentiments, leur caractère égoïste ou désintéressé, le rôle plus ou moins actif qu'y joue l'imagination, cela est secondaire ; cela n'a d'importance qu'autant que nous y pouvons voir une condition de beauté. Au point de vue de la poésie, seule la qualité esthétique des sentiments importe.

CHAPITRE VI

LA COMPOSITION POÉTIQUE

§ 1. — Méthode d'inspiration.

Nous avons considéré l'œuvre poétique du dehors, cherchant à nous rendre compte de l'effet qu'elle produit au cours de la lecture sur notre imagination. Essayons de l'étudier du dedans, au cours de son élaboration, dans l'esprit du poète qui la compose.

On dit bien quelquefois que la véritable œuvre d'art doit être conçue d'ensemble, par synthèse immédiate, non par élaboration progressive, et que cette composition instantanée, si étonnante, si mystérieuse, si miraculeuse qu'elle soit, est justement la caractéristique de l'invention esthétique.

Je ne discuterai pas la possibilité de ce miracle ; je demanderais seulement qu'on voulût bien citer un seul exemple authentique d'une œuvre de quelque importance obtenue ainsi. L'inspiration apportera bien au poète un vers tout fait, une strophe peut-être, conçue tout d'un coup dans son ensemble, mais non un poème épique. Nous admettons ces intuitions d'ensemble ; nous croyons qu'elles sont en effet nécessaires à la composition de l'œuvre d'art ; nous aurons occasion de les signaler ; mais nous montrerons justement qu'elles exigent un effort de réflexion intense, et que ce qu'elles nous font apercevoir, ce n'est pas l'œuvre toute faite, toute élaborée, dans sa forme d'art définitive, mais l'œuvre encore abstraite et en voie de formation.

Cela n'a donc aucun rapport avec ces prétendues illuminations de l'esprit, qui brusquement, comme un éclair dans la nuit, lui feraient apparaître des images merveilleuses.

Pour composer une œuvre poétique, deux méthodes sont possibles : on peut faire plutôt appel à l'inspiration ou se servir plutôt de la réflexion. Chaque poète, selon son tempérament, et aussi selon la nature de l'œuvre à composer, emploiera de préférence l'une ou l'autre méthode.

Parlons d'abord de la méthode d'inspiration.

Nous considérerons l'œuvre poétique aux diverses phases de sa genèse depuis l'apparition de l'idée première jusqu'au dernier travail de la mise en forme.

La première période est de création toute spontanée. D'où le poète tirera-t-il son idée initiale, qui est le sujet même de son œuvre ? Il ne peut la chercher, n'en ayant encore aucune notion.

Quelques écrivains affirment pourtant avoir obtenu l'idée initiale d'une œuvre littéraire par voie de déduction, en commençant par déterminer les conditions générales auxquelles l'œuvre devait répondre. Leur première attitude mentale serait donc celle du géomètre qui s'applique à résoudre un problème, c'est-à-dire l'effort de réflexion[1]. C'est bien possible. Il y a des

---

1. Voir par exemple l'analyse que donne E. Poe de la genèse de

types intellectuels très divers. La réflexion peut intervenir dans l'élaboration d'une œuvre d'art en toutes proportions, et à un moment quelconque.

Mais en général l'idée première n'est pas obtenue par réflexion. Elle apparaît spontanément dans la libre rêverie. Tout ce que peut faire l'écrivain, pour en faciliter l'apparition, c'est de se mettre dans les conditions les plus favorables à la formation spontanée des images. L'imagination ne peut rien tirer du néant. Dans ses productions les plus originales on trouverait des réminiscences d'œuvres étrangères, un apport de l'expérience, des rappels de la réalité. L'invention poétique a besoin d'aliments. Pour être créateur, il faut que l'esprit soit nourri d'observations, de faits intéressants et suggestifs, de visions, de réminiscences de la nature et de la vie, tout cela bien assimilé, matière plastique qui s'organisera en formes nouvelles. Ces images latentes que le poète porte en lui se décomposent, se recomposent, se soudent l'une à l'autre dans un travail mystérieux dont la psychologie ignore encore les lois, mais où le hasard joue certainement un rôle. En nous s'élaborent incessamment des images confuses, incohérentes, que nous ne daignons pas remarquer et qui, à peine formées, se désagrègent, n'étant pas viables. Mais qu'au milieu de ces conceptions fantasques apparaisse une idée utilisable, nous la tirons à part, l'examinons un instant, et avant de la laisser aller, la marquons d'un effort d'attention pour la retrouver au besoin. Ainsi l'esprit du poète est hanté d'idées conçues par hasard, de projets d'œuvres auxquels il n'a pas donné suite,

son poème du Corbeau, ou les procédés de composition de Paul Hervieu (A. Binet, La création littéraire, *Année psychologique*, 1903).

d'images qu'il a laissées à l'état d'ébauches. Exercé comme il l'est, par entraînement professionnel, à surveiller en lui-même l'apparition des idées et à retenir par un effort de mémoire spécial celles qui lui semblent comporter un développement artistique, il en a toujours en lui-même une réserve dans laquelle il n'a qu'à puiser. Le plus souvent, il a plutôt l'embarras de choisir entre les idées diverses qui le sollicitent.

> Dis-moi, quel songe d'or nos chants vont-ils bercer ?
> D'où vont venir les pleurs que nous allons verser,
> Chanterons-nous l'espoir, la tristesse ou la joie ?...

Ainsi la Muse de la *Nuit de mai* fait passer dans l'esprit du poète une série d'images qu'elle développe un instant pour le tenter, symbole poétique de ces suggestions spontanées de l'inspiration. Très souvent les meilleures idées sont trouvées par distraction, pendant que l'on travaille à en développer d'autres, comme si par une sorte d'irradiation nerveuse l'excès d'activité d'un des lobes du cerveau se propageait aux lobes voisins et les mettait en activité à leur tour. Ou bien c'est au cours d'une promenade, pendant que l'on croit ne penser à rien ; les idées viennent, justement parce que l'esprit se laisse aller à la libre rêverie. Le fait est même si fréquent que l'on pourrait voir dans la marche un des procédés les plus usités pour stimuler la faculté d'invention [1].

---

1. Voici à ce sujet un certain nombre de témoignages :

« La marche a quelque chose qui anime et avive mes idées ; je ne puis presque penser quand je suis en place ; il faut que mon corps soit en branle pour y mettre mon esprit. » J.-J. Rousseau, *Confessions*, 1re partie, livre IX.

G. Tarde trouve, *au cours d'une promenade*, sa théorie de l'imi-

Le sujet est enfin choisi. Une idée s'est imposée à l'esprit et veut être réalisée, développée. Alors on se met sérieusement à l'œuvre et la période de composition commence. Voici quel sera, dans la méthode d'inspiration, le procédé de développement : on attendra les idées, et quand elles seront venues on fera un tri entre celles qui se présenteront, pour conserver celles qui sont le plus utilisables. Tant que l'on sentira que l'imagination s'oriente dans le sens voulu, on se gardera d'intervenir. Si elle tend à s'écarter du sujet, ou si les conceptions qu'elle apporte manquent à quelque exigence artistique, on l'arrêtera net, on la remettra sur la voie pour de nouveau la laisser aller. Quand on aura tiré du sujet tous les développements qu'il comporte, autrement dit quand l'idée initiale n'en suggérera plus d'autres, on s'arrêtera. Comme on le voit, je n'admets pas que même dans ce genre de composition on reste tout à fait passif. Je suppose que l'on ne rêve pas seulement, mais que vraiment on compose. La volonté, l'intelligence, le goût critique interviennent donc de quelque manière, autant qu'il le faut pour stimuler et utiliser au mieux

tation (Cité par F. Paulhan, *Psychologie de l'invention*, p. 19. F. Alcan, 1901).

« La promenade facilite singulièrement le travail d'assimilation des matériaux intellectuels et leur mise en œuvre... J'avoue, pour mon compte, que toutes les idées neuves que j'ai eu le bonheur de découvrir me sont venues dans mes promenades. » J. Payot, *L'éducation de la volonté*. Alcan, 1894, p. 154 et 176.

« J'ai gardé de mon enfance le besoin de marcher rapidement lorsque je cherche à inventer quelque chose : c'est une façon de séquestrer mon esprit très facile à distraire. » F. de Curel (cité par A. Binet et J. Passy, Études de psychologie sur les auteurs dramatiques. *Année psychologique*, 1894, p. 137).

On pourrait multiplier à l'infini ces citations.

le travail spontané de l'imagination. Il reste cependant que ce travail est tout spontané, aussi spontané que peut l'être la germination d'une graine ou l'éclosion d'une fleur. La formation même des images reste absolument inconsciente. Tout le positif de la composition, tout ce qui est réellement trouvé a été obtenu par ce procédé. On invente par une libre improvisation dont après coup seulement on contrôle les résultats. L'imagination propose, l'intelligence et le goût disposent.

C'est bien ainsi, je crois, que l'on se représente communément la composition poétique, ce qui tend à prouver que cette méthode est en fait très usitée. Elle a bien des avantages.

Nous avons vu combien le laisser aller de la rêverie est favorable à la dissolution et recomposition spontanée des images. En s'abandonnant à son inspiration, le poète trouvera des combinaisons d'idées originales, que la réflexion ne lui fournirait pas[1]. La méthode d'in-

---

1. « Ce n'est pas tant par son jeu régulier, par un développement normal que l'intelligence invente, que par le profit qu'elle sait tirer de l'activité relativement libre et parfois capricieuse de ses éléments... L'idée directrice générale intervient pour choisir, pour accepter ou rejeter les éléments qui lui sont offerts, mais ces éléments ce n'est généralement pas elle qui les évoque. Ils sont en bien des cas le produit du jeu spontané, quoique surveillé, des idées et des images, de tous les petits systèmes qui vivent dans l'esprit... Si les éléments ne s'affranchissaient pas parfois quelque peu, s'ils ne se livraient pas à leurs affinités propres en rompant les associations logiques habituelles, si la coordination de l'esprit était trop serrée et trop raide, trop uniformément persistante, l'invention serait beaucoup plus rare et resterait trop simple ». F. Paulhan, *Psychologie de l'invention*, F. Alcan 1901, pp. 4, 43, 56.

Voir aussi dans le reste de l'ouvrage un grand nombre d'observations très intéressantes sur les procédés intimes de l'invention littéraire.

spiration est particulièrement féconde. Les poètes qui l'ont employée de préférence ont eu une production plus abondante et plus riche. Leurs œuvres ont un développement plus large. Leur phrase même, considérée à part, se fait remarquer par son ampleur, l'idée principale se présentant toujours accompagnée de tout un cortège d'idées accessoires. Autant la phrase de l'écrivain réfléchi est nette, courte et ramassée, autant celle de l'écrivain inspiré est complexe.

> Pour moi quand je verrais dans les célestes plaines
> Les astres s'écartant de leurs routes certaines,
> Dans les champs de l'éther l'un par l'autre heurtés,
> Parcourir au hasard les cieux épouvantés ;
> Quand j'entendrais gémir et se briser la terre ;
> Quand je verrais son globe errant et solitaire,
> Flottant loin des soleils, pleurant l'homme détruit,
> Se perdre dans les champs de l'éternelle nuit ;
> Et quand, dernier témoin de ces scènes funèbres,
> Entouré du chaos, de la mort, des ténèbres,
> Seul je serais debout, seul malgré mon effroi,
> Être infaillible et bon, j'espérerais en toi,
> Et, certain du retour de l'éternelle aurore,
> Sur les mondes détruits je t'attendrais encore !

> LAMARTINE (*L'immortalité*).

Quand on trouve, chez un poète, de ces suites de vers qui se déroulent en une magnifique période, on peut être certain qu'elles n'ont pas été écrites lentement, laborieusement, mais sans effort, à la volée, dans un superbe élan d'inspiration. On constatera aussi que presque toujours ce sont des périodes émues, très pathétiques, qui procèdent par conséquent d'un sentiment intense qui de lui-même a suscité les images.

L'inspiration, ne demandant aucun effort intellectuel,

n'apporte aucune fatigue. Accueillir les images qui se présentent d'elles-mêmes, ce n'est pas un travail, c'est une joie. Sentir en soi les idées affluer, c'est un ravissement. Le labeur de la composition réfléchie est plus pénible que tout effort musculaire ou tout travail manuel ; il semble que l'on s'arrache de force les idées de la tête ; chez certains écrivains, c'est une véritable agonie[1]. L'écrivain qui ne prémédite pas d'effets, qui ne s'astreint pas à un travail de combinaison intellectuelle, mais se livre à son imagination, compose dans l'allégresse. Écrit-il des vers ? Dans une sorte d'extase, il écoute ses voix ; comme Lamartine, il se recueille pour percevoir ce chant intérieur, cette harmonie profonde qui d'elle-même se développe en lui. Compose-t-il un roman ? Comme Alexandre Dumas il sourira en voyant ses héros se lancer si témérairement dans de folles aventures, et contre toute vraisemblance en sortir à leur gloire. Comme George Sand, il se contera à lui-même de belles aventures, et pendant que sa plume court sur le papier, il se perdra dans ces visions romanesques. Dramaturge, il assistera avec curiosité aux évolutions de ses personnages, comme s'il était lui-même au spectacle.

L'aisance avec laquelle un poème est composé n'est pas chose indifférente au point de vue artistique. Elle ajoute à l'attrait de l'œuvre. Elle lui donne de la grâce. Le lecteur en jouit par sympathie. Parlant de Virgile et de Racine, Lamennais remarque que « les lignes de

---

1. On trouvera cités des exemples intéressants de cette difficulté de la composition dans *Le labeur de la prose*, de G. Abel. Paris, Stock, 1902. Voir notamment le fac-similé d'une épreuve corrigée de Balzac.

leur style ondulent avec la même pureté, la même
finesse, la même grâce exquise, que celles des plus
belles statues grecques[1] ». Telle est bien l'impression
que donne cette allure souple et naturelle de la pensée
qui se laisse aller à l'inspiration. L'effet à produire sur
l'esprit du lecteur étant de l'amener à l'état de contemplation rêveuse, on conçoit qu'il sera plus facile d'obtenir ce résultat quand le poème lui-même aura ce caractère de libre rêverie : alors il nous suffira d'en suivre
le mouvement, d'en prendre l'unisson. En le lisant,
nous n'y sentirons aucune contrainte, aucun effort.
Étant œuvre de pure poésie, il nous donnera une impression plus purement poétique.

Constatons encore que l'œuvre d'inspiration aura cette
qualité éminente, la sincérité. Nous serons plus disposés
à entrer dans l'état d'âme du poète, si nous sentons
qu'il parle sans préparation, sans artifice, sous l'influence directe des sentiments qu'il exprime, dans la
vision réelle des images qu'il nous décrit. — La poésie
lyrique en particulier n'est possible que comme expression d'une effervescence intérieure, d'un sentiment exalté
qui déborde en images. Elle ne saurait être préméditée,
composée à froid. Soient par exemple ces belles stances
lyriques.,

> L'abîme, où les soleils sont les égaux des mouches,
> Nous tient ; nous n'entendons que des sanglots farouches
>   Ou des rires moqueurs ;
> Vers la cible d'en haut qui dans l'azur s'élève,
> Nous lançons nos projets, nos vœux, l'espoir, le rêve,
>   Ces flèches de nos cœurs.

1. *De l'art et du beau.* Garnier, 1872, p. 279.

> Nous montons à l'assaut du temps comme une armée.
> Sur nos groupes confus que voile la fumée
>   Des jours évanouis,
> L'énorme éternité luit, splendide et stagnante ;
> Le cadran, bouclier de l'heure rayonnante,
>   Nous terrasse éblouis !

V. Hugo. Contemplations.
Pleurs dans la nuit.

La pièce a plus de 600 vers. D'un bout à l'autre c'est ainsi ; une suite ininterrompue de visions, évoquées avec une fécondité d'invention inouïe, chaque vers faisant surgir brusquement une image ; entre ces images, aucun lien ; elles se succèdent d'un mouvement indépendant, parfois glissant l'une sur l'autre, se fondant l'une dans l'autre de telle façon que l'une commence à se projeter sur le fond mental quand l'autre ne s'en est pas encore effacée, à peine reliées entre elles par ces rapports mystérieux d'association qui semblent tout naturels au rêveur et qui échappent à la pensée lucide ; dans la suite des strophes, aucune trace de plan. Évidemment le poète n'a rien prémédité. Ce qui achève de le prouver c'est que la pièce n'aboutit à aucune conclusion ; après quelques strophes de mise en train, elle atteint rapidement son maximum d'effet, et finit par épuisement. Comment le poète a-t-il procédé ? On peut se le représenter assez aisément. Il a senti s'abattre sur lui des idées sombres, et il a commencé à écrire ; les premières images qui se sont présentées à lui en ont appelé d'autres à leur suite, plus lamentables encore. Le rythme même de ses vers, le balancement monotone de la strophe ont fait sur lui l'impression d'un glas funèbre. Il s'est ainsi enfoncé dans une méditation de plus en plus lugubre. La réflexion n'avait pas à intervénir. C'est l'imagination, stimulée par une émotion intense, qui a tout fait. De là l'incohérence, l'illogisme, le caractère presque délirant des images ; de là leur puissance d'expression et leur incomparable lyrisme.

Il est encore une occasion où la méthode d'inspiration s'impose : c'est dans le développement de l'action dramatique. Soit un personnage de tragédie ou de roman qui se trouve engagé dans une situation déterminée. Il s'agit de trouver ce qu'il doit penser, ce qu'il doit sentir, comment il doit s'exprimer. Cela n'est pas arbitraire. Les personnages dramatiques, si l'auteur disposait arbitrairement de leur vie intime, ne seraient plus des êtres vivants, mais de simples marionnettes dont il tirerait les fils. Mais d'autre part, il est impossible de déduire, du caractère que l'on a prêté au personnage, le détail des pensées qu'il concevrait, des sentiments qu'il éprouverait et qu'il exprimerait dans cette circonstance. Nous ne pouvons le savoir de science certaine, quelle que puisse être notre expérience de la vie et notre connaissance du cœur humain [1].

Telle est donc la situation paradoxale faite au poète : dans le développement de l'action dramatique, il faut qu'il se conforme à des lois qu'il ignore. Ce problème, qui pour l'intelligence lucide serait insoluble, ne sera pour l'imagination qu'un jeu. Le romancier, le dramaturge s'efforcera d'entrer dans ses personnages, de s'identifier à eux ; il se pénétrera de leurs sentiments ; et puis il s'abandonnera au mouvement spontané des idées et des émotions que la situation lui suggé-

1. Voir le développement de l'opinion contraire par Paul Janet, *La psychologie dans les tragédies de Racine. Revue des Deux Mondes,* 15 septembre 1875, p. 267.

rera[1]. L'œuvre qu'il aura ainsi composée sera forcément vivante, puisqu'elle aura été réellement vécue. La suite des sentiments qu'il prêtera à ses personnages ne pourra manquer d'être conforme aux lois de la psychologie, puisqu'il aura fait jouer ces lois en lui-même.

Le seul inconvénient possible de cette méthode, c'est que le dramaturge, en se mettant dans ses personnages, risque de les faire trop semblables à lui-même. Beaumarchais leur prêtera son esprit, Dumas sa verve caustique, Hugo sa grandiloquence, Musset son humour fantasque[2]. Il est bien rare que le romancier femme ne donne pas à ses héroïnes quelque chose de sa mentalité propre et même de ses traits physiques. Mais même dans ce cas on peut dire que si le poète est en défaut, ce n'est pas pour avoir appliqué la méthode imaginative, c'est pour n'avoir pas fait un suffisant effort d'imagination. Il ne s'est pas assez identifié à ses personnages pour se détacher de lui-même. Ce détachement de soi n'est vraiment accompli que lorsque, dans l'esprit du dramaturge, les êtres qu'il a créés commencent à s'objectiver, à vivre d'une vie indépendante, au

1 Sur l'objectivation des personnages dramatiques, voir F. de Curel (Lettre citée par A. Binet, *Année psychologique,* 1894, p. 133.) Ces observations, faites sur lui-même par F. de Curel, témoignent d'une remarquable faculté d'introspection et sont de précieux documents psychologiques. A remarquer tout ce qui a trait à l'utilisation de la rêverie, comme procédé d'invention.

2. « Ce n'est pas à dire que les romanciers se mettent en scène dans leurs livres, mais, dans les personnages qu'ils nous présentent et dans la façon dont ils nous les présentent, si minutieusement observés qu'ils soient d'ailleurs, il y a toujours quelque chose de leur âme. Ils sont pour ainsi dire marqués du sceau de la personnalité de leur père spirituel » L. Prat, *Le caractère empirique et la personne,* F. Alcan, 1906, p. 152.

point que désormais on ne leur fera plus faire ce qu'on veut : ils se refuseraient à accomplir des actions qui ne seraient pas dans leur caractère.

Alors le poète n'a plus à penser pour eux, à chercher ce qu'ils peuvent dire et faire. Il les laisse aller. Il n'a besoin d'intervenir que d'une manière intermittente, pour les remettre dans leur rôle s'ils s'en écartent. « Pendant que j'écris, dit F. de Curel, je ne suis pas absorbé du tout, mes personnages parlent pour leur compte, je ne suis là que pour juger les choses de style, de scenario, de convenances, etc. Presque un rôle de pion. Il m'arrive très bien, tout en écrivant, de me surprendre pensant à des choses, peu compliquées évidemment, mais absolument étrangères à mon travail. Je suis là comme une Providence qui gouverne ses créatures sans annihiler leur liberté. Mes personnages vont, viennent, discutent comme ils l'entendent ». Une fois le plan général d'une scène établi, non seulement le développement n'exige plus grande réflexion, mais il sera plus naturel, plus vivant, plus pathétique, s'il est fait en dehors de toute réflexion, par inspiration pure. Les scènes dialoguées, dans un roman, sont de beaucoup les plus faciles à écrire, et ne peuvent même être bien écrites que de verve.

Enfin l'inspiration est indispensable, dans toute composition littéraire, quand on en arrive au détail de l'exécution. Si préméditée que soit une œuvre, elle ne peut l'être que dans son ensemble ; les détails se trouvent sur le moment ; il faut bien qu'ils soient improvisés : si l'on s'imposait ce programme, de ne pas écrire une ligne sans savoir d'avance très exactement ce qu'on va dire, on ne commencerait jamais. Il arrivera donc toujours un moment, dans l'élaboration de l'œuvre poétique, où l'on devra laisser l'imagination fonctionner d'elle-même, conformément à ses propres lois.

Nous avons admis qu'à la rigueur le sujet d'une œuvre pouvait être déduit de considérations abstraites ; mais il ne peut en être ainsi de toute la suite du développement ; autrement l'œuvre entière garderait ce caractère sec et abstrait ; à aucun moment elle ne serait artistique et vivante. Qu'une œuvre à composer se présente d'abord comme un problème à résoudre, soit. La réflexion peut poser le problème, ce n'est pas elle qui le résoudra. Cela est vrai d'un problème géométrique : si précises qu'en soient les données, la solution n'en ressort jamais par pure déduction : elle ne peut se trouver que par tâtonnement intellectuel, en choisissant parmi les idées qui se présenteront au hasard, dans cette méditation inconsciente qui est la rêverie du penseur. A plus forte raison cela sera-t-il vrai des problèmes d'art, qui sont autrement complexes, et ne comportent pas une solution déterminée, mais une infinité de solutions à peu près équivalentes. Pourquoi Edgar Poe, se proposant d'écrire un poème de l'effet poétique le plus intense, c'est-à-dire court, original, d'un caractère mélancolique, avec refrains, est-il justement tombé sur son poème du Corbeau ? C'est évidemment par une suite de hasards, c'est-à-dire parce que ces images se sont présentées spontanément à lui au cours de sa méditation, et lui ont paru répondre assez bien aux données du problème. Peut-être même cette idée le hantait-elle déjà, depuis quelque temps, et lui a-t-elle suggéré elle-même les raisons qu'il s'est données de la choisir. Si, partant de son intention initiale d'écrire un poème aussi esthétique que possible, il était vraiment arrivé par déduction rigoureuse à l'idée qu'il a mise en œuvre, il s'ensuivrait que le Corbeau est le poème par excellence, et que se proposant d'écrire un beau poème on n'en saurait écrire d'autre. En réalité, par la même méthode qu'a employée E. Boutroux pour démontrer la contingence des lois de la nature, on pourrait prouver que la genèse d'une œuvre d'art n'est jamais déterminée par une nécessité logique ; à chaque progrès qu'elle fait apparaissent en elle des éléments nouveaux, inattendus, produits de la pensée libre, qui pour son auteur même sont une surprise.

§ 2. — Méthode de réflexion.

Nous avons fait à l'inspiration sa part. Il nous reste à chercher quel rôle peut et doit jouer, dans la genèse de l'œuvre poétique, la pensée lucide et consciente.

Certains théoriciens seraient disposés à ne lui en accorder aucun. « Le génie doit créer comme l'imagination travaille, obéissant à une loi, poursuivant un but sans avoir conscience de l'un ni de l'autre. Une œuvre d'art, où nous constaterons l'action d'une réflexion consciente sur la disposition de l'ensemble, nous paraîtra pauvre[1]. » Ce serait donc précisément par la portion qui échappe aux aperçus conscients de l'intelligence que l'œuvre d'art produirait son effet esthétique.

Nous reconnaîtrons volontiers que dans une œuvre d'art il ne doit pas subsister trace de l'effort intellectuel qu'elle a coûté ; et cela est vrai surtout de l'œuvre destinée à donner une impression de poésie. S'ensuit-il

---

1. H. Helmholtz, *Théorie physiologique de la musique*, trad. Guéroult, Masson, 1868, p. 479.

que l'effort soit inutile ? En dissuader le poète, ce serait le priver d'un de ses plus puissants instruments de travail. S'imaginer qu'une œuvre poétique de quelque importance, un drame, un poème épique, a jamais été obtenu par élaboration spontanée et inconsciente, sans calcul, ni réflexion, par une pure intuition du génie, c'est se placer en dehors de toute réalité. C'est supposer qu'un édifice peut se construire sans plan ni calcul, sans fondations ni échafaudages, à la façon dont s'édifiaient les palais d'Aladin. La production toute spontanée d'une grande œuvre poétique ne serait pas plus merveilleuse. Je me demande même comment cette étrange hypothèse a jamais pu être soutenue ; car enfin on devrait se douter de la façon dont les écrivains composent ; on les voit au travail ; on sait quel a été le labeur des grands romanciers et des grands poètes. Laissons donc de côté cette théorie du génie qui n'a avec la psychologie d'observation aucun rapport.

L'inspiration a un inconvénient, c'est de n'être pas à nos ordres ; il faut l'attendre, elle peut ne pas venir. Le compositeur qui ne compterait que sur elle risquerait fort de perdre bien des journées en flânerie intellectuelle ; son esprit se disperserait, s'éparpillerait, irait d'un sujet à l'autre sans en approfondir aucun.

La méthode d'inspiration a encore ce grave défaut, c'est d'abandonner au hasard la composition de l'œuvre. L'auteur ne sait d'avance où il va ; il s'engage dans des impasses ; d'ordinaire il commence bien, parce que l'inspiration est encore fraîche et vive ; puis tout se gâte. (Les romans de George Sand, par exemple, se ressentent trop du défaut de composition ; de même bien des poèmes de Lamartine). Au cours de la composition, le développement risque fort de dévier ; l'idée principale se perd sous les idées parasites. L'imagination a vite fait d'entraîner l'auteur loin de son sujet, car elle est de sa nature distraite et aberrante. L'excitation même du travail mental développe cette tendance des images à la prolifération spontanée. Sans doute l'écrivain peut renoncer à ces idées rencontrées chemin faisant, les éliminer après coup ; il est rare pourtant qu'il le fasse : ces idées de distraction sont d'ordinaire si intéressantes qu'il en coûterait trop de les sacrifier. De là ces développements à côté, ces hors-d'œuvre, ces digressions dont s'encombre l'œuvre des conteurs ou des poètes à l'imagination trop féconde [1].

On ne peut donc abandonner tout à fait l'imagination à elle-même. Une œuvre poétique, qui prétend à produire une impression d'art, doit être *composée*.

Si nous nous observons d'un peu près, au cours d'un travail qui semblerait au premier abord ne mettre en exercice que notre imagination, nous n'aurons pas de peine à saisir en nous-mêmes tout un jeu subtil de pensées, qui enveloppent comme d'un réseau délié les images en voie de formation, qui les relient les unes aux autres, qui les attirent ou les écartent. Dans l'improvisation la plus rapide, quand nous pourrions croire que les images apparaissent spontanément et au hasard, nous pourrons nous rendre compte que leur formation est dirigée, surveillée, motivée; elle répond à un programme, elle réalise des intentions, elle est intelligente et préméditée en grande partie. Nous pouvons tenir pour

1. V. par exemple les contes emboîtés l'un dans l'autre du Pantcha-Tantra et des Mille et une Nuits, les récits parasites qui se greffent sur le récit principal dans le Don Quichotte, les monumentales digressions de Notre-Dame de Paris et des Misérables.

certain que dans toute élaboration littéraire il en est de même. Dans l'œuvre qui semble emportée du mouvement le plus puissant, on discernerait de même des calculs secrets, de petites ruses, des artifices de composition destinés à ménager un effet, à produire un contraste, à tenir la curiosité en suspens. Le véritable artiste, l'homme de génie sait ce qu'il fait ; quand on parle de son inconscience, il laisse dire, puisque c'est un compliment que l'on entend lui faire ; mais que l'on fasse mine de critiquer un détail quelconque de son œuvre, il sera prêt à en donner les raisons. Signalez-lui une faute, il répondra qu'il l'a faite exprès. Le dernier reproche qu'il accepte, c'est celui d'inadvertance.

Dans ce travail mental, il y a des moments pénibles, où l'effort intellectuel est porté à une telle intensité, qu'il en devient presque douloureux. C'est dans ces moments qu'il est le plus intéressant de l'étudier. Voyons donc, des diverses opérations intellectuelles que requiert l'invention consciente et réfléchie, quelles sont celles qui coûtent le plus d'effort.

Il faut d'abord s'obliger à penser sur le sujet choisi. C'est en partie un effort d'inhibition. Il s'agit, chaque fois que l'imagination part sur de fausses pistes, de couper court à ces digressions, de la remettre sur la voie. C'est déjà une tâche pénible ; il nous en coûte toujours de résister aux idées qui nous sollicitent. Mais cela même ne suffit pas. Il faut accomplir encore un effort positif, concentrer les pensées qui tendent à s'éparpiller, enfermer l'intelligence dans un cycle de plus en plus étroit ; pour cela, se bien définir ce que l'on cherche, se poser des questions précises. Le danger est que, plus les conditions de l'idée que l'on cherche sont déter-

minées, moins il y a de chance pour que le mouvement
spontané de la pensée amène justement celle-là ; en
même temps, on s'est interdit de penser à autre chose.
Alors l'intelligence se rebute, on a la sensation douloureuse de l'effort à vide ; on se creuse en vain la tête.
Parfois cet état se prolonge longtemps, c'est une véritable angoisse, jusqu'à ce qu'enfin l'idée féconde se
présente d'elle-même (Ainsi Zola travaillant à grand'-
peine à composer son Assommoir, jusqu'au moment
où l'idée lui est venue de faire rentrer Lantier dans le
ménage de Gervaise). L'important, dans cette recherche
des idées, c'est de les saisir au seuil même de la conscience, quand elles y apparaissent encore indécises, et
de les tirer à soi de force. Souvent on a cette impression,
que l'idée cherchée est prête à venir, qu'elle commence
à se former, qu'elle affleure presque dans la conscience.
On sent qu'il suffirait d'un léger surcroît d'effort pour
la faire décidément apparaître, comme lorsqu'on cherche
à se rappeler un mot que l'on a comme on dit sur les
lèvres ; mais cet effort, on n'a pas l'énergie de le faire,
et l'idée s'évanouit[1].

1. La réflexion jouera un rôle important, qui n'a pas toujours
été suffisamment étudié, dans la genèse des types romanesques ou
dramatiques. Nous avons vu comment ils se développent dans l'esprit du poète, par la méthode d'inspiration. Mais d'où proviennent-
ils ? Il est assez rare qu'ils soient fournis directement par l'observation. Cela n'arrive guère que pour les personnages secondaires,
épisodiques, que le poète fait intervenir dans son œuvre comme de
simples figurants, pour faire nombre. Les personnages principaux
sont presque toujours le produit d'une élaboration artistique, où la
réflexion intervient. Ils sont inventés pour tenir un emploi, pour
amener certaines situations, pour remplir un cadre déterminé
d'avance. Celui-ci devra être l'Hypocrite (le *Tartuffe* de Molière,
le *Begears* de Beaumarchais, le *Sampson Brass* de Dickens). Celui-

Les idées principales une fois trouvées, on peut songer à établir le plan de l'œuvre future. C'est une opération indispensable dans toute composition de quelque importance [1]. Pendant qu'on y travaille, les idées s'éclaircissent, se complètent ; une fois effectuée, elle donne une plus grande facilité de développement ; elle permet de préparer des effets, d'amener une conclusion.

là sera le Distrait, ou le Rêveur. Parfois l'auteur se proposera de représenter un type ethnique (l'Américain dans le *Roi de la mer* de Vogué, le Basque dans *Remuntcho*, le Slave dans l'*Aventure de Ladislas Bolscki*) ou un type social (Balzac, Zola) ou encore un type professionnel (le clergé, dans *Mon oncle Célestin* ou dans *Lucifer* ; la magistrature, dans *La robe rouge*, etc.). Dans toutes les œuvres à thèse (ainsi dans l'*Étape* de Bourget) les caractères sont composés précisément de manière à justifier les théories de l'auteur. Étant donné un type comique, le dramaturge aura soin de grouper autour de lui les types accessoires qui en sont comme les variétés (v. des exemples significatifs de cette théorie dans l'*Essai sur le rire* de H. Bergson). Un procédé très usité est la création des types par contraste. Don Quichotte exige Sancho pour lui faire pendant. Étant donné le caractère d'Augustin de Chantepric, dans le beau roman de la *Maison du Péché* de Marcelle Tinayre, il fallait que Fanny Manolé eût son âme tendre, aimante et païenne. La petite Dorrit de Dickens étant toute abnégation, il fallait que son père fût tout égoïsme. On peut remarquer que dans les comédies et les romans, le mari et la femme ont toujours des caractères opposés. Tous ces exemples achèvent de prouver que le personnage romanesque ou dramatique apparaît tout d'abord au poète comme une formule abstraite, comme une sorte d'être schématique, produit de la réflexion, qu'il complètera ensuite, et auquel il infusera la vie.

1. Le but que l'on se propose, en composant un plan, n'est pas le même, selon qu'il s'agit d'une œuvre didactique, ou d'une œuvre d'imagination. Si l'on compose un livre de science, un livre d'histoire, c'est à fin de le rendre plus compréhensible et plus *assimilable*. Une œuvre d'imagination est surtout composée pour l'effet. Il résulte de cette différence dans la fin poursuivie des différences essentielles dans la forme du plan.

Il faut même que cette opération soit bien nécessaire pour qu'un écrivain et surtout un poète s'y résigne ; car de tout le labeur littéraire, c'est la partie la plus ingrate, la plus pénible de beaucoup et la moins poétique. Il faut mettre en ordre, disposer en série linéaire des idées qui se sont présentées à peu près au hasard, enchevêtrées l'une dans l'autre, en dépendance mutuelle ; il faut essayer toutes les combinaisons possibles, répondre à des exigences complexes et souvent inconciliables ; il faut faire un effort pour tenir simultanément présentes à l'esprit les images à disposer, ce que l'on ne peut faire que dans l'abstrait, en les réduisant à l'état de simples schèmes, sous peine d'encombrer l'esprit qui ne saurait embrasser à la fois plusieurs représentations concrètes. Souvent il est indispensable, pour préparer une situation ou un effet, de composer par régression : comme le disait Pascal, la dernière chose que l'on trouve en composant, c'est celle qui doit être mise la première. Toutes ces opérations doivent s'exécuter à froid, en pleine lucidité d'esprit, autant que possible avec l'intellect seul : car ce n'est qu'une sorte de géométrie, une *ars combinatoria*, où tout se fait dans l'abstrait[1]. L'imagination représentative n'a pas à intervenir, si ce n'est tout au plus pour *visualiser* ces combinaisons : on se fera souvent du plan de l'œuvre projetée une sorte de figure schématique, dans laquelle on cherchera à mettre, comme dans un plan architectural, une certaine symé-

---

1. V. Sardou, en composant son scenario, évite avec soin de céder à sa verve. « Jusque-là, dit-il, j'ai écrit par raisonnement, j'ai fait des mathémathiques et je me suis défendu contre l'entraînement de l'écriture. Je craindrais de mettre dans l'ébauche une certaine chaleur qui ne se trouverait plus dans l'exécution. » *Année psychologique*, 1894, p. 68.

trie. Mais ce n'est pas là le mode d'imagination que l'on mettra en œuvre au cours de la composition.

On voit combien ces opérations mentales, qui mettent surtout en jeu les facultés logiques, doivent coûter à un imaginatif ; et ce qu'il y a de plus irritant, c'est que ce labeur est au moins en apparence stérile ; de tant d'efforts, de tant d'heures passées en tâtonnements et en essais de combinaisons, il ne reste rien que quelques sèches formules, et une grande fatigue.

Le plan de l'œuvre une fois arrêté dans ses grandes lignes, l'œuvre de développement commence : ici encore la réflexion peut et doit intervenir pour forcer en quelque sorte l'inspiration. Il faut obliger l'imagination à remplir ce programme ; il faut la faire travailler sur commande.

Le difficile, c'est de l'astreindre à développer les idées dans l'ordre qu'on s'est fixé d'avance. Toutes les parties du plan, que l'on a simultanément présentes à l'esprit, sollicitent également la pensée ; elles tendent d'elles-mêmes à se développer ; spontanément elles nous suggèrent des images. On serait toujours tenté, quand on écrit, de vouloir tout dire à la fois ; et ce qu'il y a de plus gênant pour l'esprit, c'est qu'il est surtout sollicité par les idées finales, auxquelles il serait tenté d'arriver tout de suite, puisqu'elles sont le but.

Il y aurait bien un moyen d'éluder cette difficulté ; ce serait d'écrire son œuvre à rebours, en développant d'abord ces idées finales. Dans la composition d'un drame ou d'un roman, par exemple, on traiterait d'abord les scènes essentielles, qui doivent être le point culminant de l'œuvre. Dans un poème lyrique on écrirait en premier lieu la dernière strophe ; dans un distique, le second vers. Ce procédé est tentant ; mais expérience

faite, on y renoncera toujours; il ne saurait donner que
des résultats défectueux. Il ne serait praticable que si
l'on avait d'avance dans la tête un plan de l'œuvre assez
détaillé, assez déterminé, pour être sûr de n'avoir à lui
faire subir, au cours du développement, aucune modification essentielle; alors en effet, l'œuvre serait vraiment composée d'avance, il n'y aurait plus qu'à
l'écrire, et peu importerait par quel bout on commencerait. Mais il s'agit précisément ici de trouver ces détails; nous devons supposer que l'on n'a arrêté encore
que le scenario du drame, que le plan général du
poème. Forcément, au cours de l'exécution, les idées
se transformeront un peu; les détails que l'on imagi-
nera ne peuvent répondre absolument aux simples intentions que l'on avait, puisqu'elles les dépassent. Les
situations, en se précisant, se compliqueront; le caractère des personnages, qui se réduisait dans le scenario
projeté à une définition verbale, à une brève formule,
achèvera de se déterminer; il prendra la complexité de
la vie. L'œuvre s'enrichira donc, au cours de la composition, de détails imprévus qui devront entrer dans la
composition des scènes finales, et contribuer à la déterminer. Ces dernières scènes, point culminant de l'œuvre,
en sont en même temps la synthèse; elles ne peuvent donc
être écrites tout d'abord. Si l'on avait eu l'imprudence de
les rédiger les premières, quand le moment serait venu de
les mettre à leur place, on s'apercevrait qu'elles ne sont
plus dans le ton, et il faudrait les recommencer. On
peut préparer d'avance et tenir en réserve, pour l'inter-
caler au bon moment, un mot à effet, un vers, une
phrase peut-être, mais non tout un développement.
Une œuvre d'imagination ne peut croître que par développement progressif. Il faudra donc en revenir à la

méthode commune, et commencer par le commencement. On tiendra ses idées en suspens jusqu'à ce que le moment soit venu de les développer. On s'appliquera à ne pas engager trop tôt ses réserves. L'écrivain qui ne peut penser qu'à ce qu'il écrit actuellement est incapable de composer une œuvre. Le véritable compositeur est celui qui peut disposer d'avance dans sa tête, en une perspective illimitée, toute une série d'idées, qu'il développera l'une après l'autre ; ainsi il s'avance avec certitude ; toute son activité mentale, orientée dans une même direction, est régie par une loi de finalité ; il tend vers un but qu'il a constamment présent à l'esprit, dans un perpétuel effort de préméditation.

Dans toutes les opérations intellectuelles que nous venons de signaler, et qui constituent la composition réfléchie, l'allure mentale est toujours la même. L'esprit va de l'abstrait au concret, et c'est justement en cela que consiste son labeur. Dans des analyses d'une étonnante pénétration, H. Bergson a montré comment s'opère cette évolution psychique [1].

1. Donnons, en quelques citations morcelées, un aperçu de sa théorie :

« Nous nous bornerons pour le moment à donner à la représentation simple, développable en images multiples, un nom qui la fasse reconnaître : nous dirons que c'est un *schéma dynamique*. Nous entendons par là que cette représentation contient moins les images elles-mêmes que l'indication des directions à suivre et des opérations à faire pour les reconstituer... L'effort de rappel consiste à convertir une représentation schématique, dont les éléments s'entre-pénètrent, en une représentation imagée dont les parties se juxtaposent... L'effort intellectuel pour interpréter, comprendre, faire attention, est donc un mouvement du « schéma dynamique » dans la direction de l'image qui le développe... Le sentiment de l'effort d'intellection se produit toujours sur le trajet du schéma à l'image...

De l'œuvre préméditée, que peut-on concevoir avant de l'avoir réalisée? Une idée abstraite, qui contient à l'état de pure virtualité les développements futurs; une brève formule; tout au plus une image brouillée, confuse, informe, qui demande à être précisée, complétée : quelque chose comme ces griffonnages qu'un dessinateur trace sur le papier quand il cherche à établir sa composition, simples figures schématiques dont on pourrait dire avec H. Bergson qu'elles contiennent moins l'image elle-même que l'indication des opérations à faire pour la reconstituer. Tout le travail de la composition réfléchie consistera dans l'effort de l'idée pour se développer en images de plus en plus concrètes et déterminées.

Telle est la fonction des métaphores, dont le poète fait constamment usage et dont il tire ses plus magnifiques effets de poésie.

On a grand tort de les regarder parfois comme de simples formes verbales, ne correspondant pas à une pensée réelle. Si elles ne servaient qu'à rendre l'idée principale, ou ce que l'on peut appeler le *gros sens* de la phrase, sans lui rien ajouter, leur usage serait peu recommandable; mieux vaudrait cent fois l'expression directe. Mais quand j'exprime métaphoriquement une idée, je mets plus dans ma phrase que cette idée ; j'y mets aussi une image; et cette image, au moment où je l'exprime, est présente à mon esprit ; elle fait partie de ma pensée. La phrase métaphorique n'exprime donc pas en

Travailler intellectuellement consiste à conduire une même représentation à travers des plans de conscience différents, dans une direction qui va de l'abstrait au concret, du schéma à l'image. »

H. Bergson, l'effort intellectuel. *Revue philosophique*, 1902, t. I, pp. 6, 11, 15, 16, 17.

termes plus compliqués la même chose que la phrase directe ; elle exprime une pensée plus riche, plus pleine, harmonieux composé d'idées et d'images. Il est même des écrivains chez qui l'imagination est à ce point dominante que leur pensée s'enveloppe toujours de symboles. Ils pensent par images. Un écrivain ainsi constitué ne pourra s'exprimer exactement qu'en métaphores. Son style, qui nous semblera figuré à outrance, ne fera que rendre strictement l'allure normale de sa pensée.

Quand on dit que *le temps vole*, on n'exprime pas par un terme figuré cette idée, qu'il passe ; on exprime par un terme très précis cette idée, qu'il a des ailes. On veut réellement susciter cette image, et on emploie le mot technique qui la désigne. C'est cette image même qui est symbolique ; le mot ne l'est pas[1]. Si subtile que puisse paraître cette distinction, il faut la faire, pour pouvoir maintenir en toute rigueur ce principe, qu'il n'y a pas et ne doit pas y avoir de poésie verbale. Les mots ne doivent être qu'un instrument de transmission, la poésie étant exclusivement dans les sentiments et les images suggérés.

---

1. On pourrait même avancer, contre l'opinion courante, que les poètes emploient assez rarement le style figuré ; plus en effet les pensées à exprimer sont concrètes, moins il est nécessaire de les exprimer par symboles. On peut en faire l'expérience. On reconnaîtra que c'est dans les pages de la philosophie abstraite que pullulent les expressions métaphoriques : il est même parfois amusant de les réaliser en images. D'où vient cependant qu'étant en réalité plus métaphorique que les vers, la prose semble l'être moins ? C'est que chez le prosateur l'image ne sert qu'à présenter l'idée et s'efface devant elle. La poésie se sert moins souvent de figures, mais donne aux images évoquées une intensité plus grande. La prose est donc faite d'images en voie de disparition, la poésie d'images en voie de développement.   J.

La métaphore se trouve donc en définitive justifiée comme la seule forme de style qui puisse rendre intégralement la pensée imagée, dont elle est l'expression adéquate. Si le poète fait des métaphores, s'il les accumule, ce n'est pas pour le plaisir de jongler avec les mots ou de les poser à côté du sens ; c'est pour faire passer ses idées de l'abstrait au concret ; c'est pour profiter de chaque occasion qu'il trouve pour faire surgir de nouvelles images.

Il en est de même des comparaisons poétiques. Avant d'être un procédé de style, une figure de luxe, un ornement du discours, la comparaison est une façon pratique de s'exprimer. Elle surgit d'elle-même, dans l'effort que l'on fait pour rendre une image nouvelle qu'aucun mot usuel ne peut suggérer directement ; on s'ingénie à trouver des images plus familières, plus facilement exprimables, qui puissent donner une idée de celle-là. Cette sorte d'excitation et d'impatience qui fait affluer les comparaisons est portée à son maximum quand il s'agit d'exprimer une souffrance physique intense ou une forte émotion morale, telle que l'admiration, le désespoir ou l'exaltation de l'amour. Alors on cherche ce que l'on peut imaginer de plus saisissant pour rendre ce que l'on éprouve, et ce sont des litanies d'images presque délirantes et toujours hyperboliques. Car les comparaisons sont de leur nature exagérées ; elles demandent le plus pour obtenir le moins ; il faut que de gré ou de force elles mettent l'imagination en mouvement. Le poète usera plus fréquemment que personne de ce procédé. Il s'en servira par besoin d'exhaler en les exprimant sous des formes multiples les sentiments qui l'oppressent. Il s'en servira aussi par jeu, pour le plaisir d'élargir ses représentations, de faire surgir par couples des images de la nature entière. La comparaison poétique se distingue de la comparaison utilitaire en ce qu'elle est de luxe, poussée plus avant qu'il ne serait nécessaire, prolongée au delà de ce qui serait suffisant pour exprimer complètement l'idée. Parfois même, comme dans les comparaisons homériques, le poète perd pied, il ne s'inquiète plus de conserver entre les deux termes de sa comparaison une symétrie quelconque, il se laisse entraîner par la nouvelle image et la développe pour son compte. La comparaison est devenue digression. Mais on le voit, l'allure mentale est toujours la même, le but poursuivi est toujours le même : développer les images, les intensifier, les transporter « à travers des plans de conscience différents », de l'abstrait au concret.

Où le poète prend-il les images qui développent son idée? Le plus souvent c'est dans son idée même.

Nulle idée n'est absolument abstraite. L'abstrait ne peut être tiré que du concret, et il faut bien qu'il en garde quelque chose, au moins un schème, un symbole quelconque, quelque chose qui puisse de quelque manière se représenter[1]. Le langage courant est plein de métaphores dégradées, atténuées, dernier résidu de ces images dont on s'était servi comme de symbole, dans la transition du concret à l'abstrait. Ces métaphores, la prose les laisse dormir. La poésie en reprend conscience. Cherchant constamment les images, elle les trouve là où elles existent à l'état latent. Elle les ramène au jour. Elle leur rend la force et la vie.

Ainsi ce magnifique développement d'images que nous

---

[1] « Il est probable que chacun de nous a sa manière de se représenter les idées abstraites, qui lui appartient en propre et n'appartient qu'à lui. » F. Paulhan, *Revue philosophique*, XXVII, p. 176.

admirons chez les poètes est d'ordinaire issu d'une de
ces petites métaphores banales que le parler courant nous
apporte constamment sans que nous y pensions. Son-
geons-y d'ailleurs. Si l'idée, telle que nous la concevons
avant de l'exprimer, n'était pas imagée déjà, aucune
métaphore, aucune comparaison empruntée aux choses
concrètes ne pourrait jamais l'exprimer. Métaphore et
comparaison supposent une analogie. Entre une idée
pure et une image visuelle, il n'y en aurait aucune .
l'expression métaphorique de cette idée ne serait donc
pas possible. On ne pourrait que la désigner d'un mot
spécial. Si l'un des termes de la comparaison est concret,
il faut que l'autre le soit aussi de quelque manière.

L'opération mentale qui suggère au poète ses comparaisons et ses métaphores revient donc d'ordinaire à
remplacer les images vagues et pâles qui accompagnent
la pensée courante par des images plus intenses, plus
pittoresques, ayant pourtant avec les premières une
suffisante analogie.

La conception des idées abstraites, ne mettant en
œuvre qu'une partie trop restreinte de notre activité
intellectuelle, nous fatigue vite. Quand nous nous
sommes adonnés quelque temps à un tel travail, nous
avons la sensation de penser à vide ; ce perpétuel dérou-
lement de formules que nous ne pouvons réaliser en
une intuition actuelle, nous devient presque intolérable.
Il faut que l'imagination fonctionne, elle aussi. Elle
fait ce qu'elle peut pour intervenir. Elle s'ingénie à
illustrer notre pensée, à traduire ce texte abstrait en
images symboliques. De là un courant de représentations, parallèle à celui des idées pures, et qui vient l'enrichir. Ce courant de pensée imagée, qui chez la plupart
d'entre nous reste inconscient, les poètes le portent à

la surface ; ils le mettent en évidence. Tandis que l'homme positif met ses rêves au service de sa réflexion, le poète met sa réflexion au service de ses rêves. Il s'exerce et s'entraîne constamment à réaliser ses idées en images. Il arrive ainsi à se créer une mentalité nouvelle, correspondant à sa fonction spéciale et à son idéal d'art : il se fait une âme de pur imaginatif.

Dans mainte période poétique, nous pouvons saisir sur le fait ce passage de la conception abstraite à la conception imaginative, qui caractérise la composition réfléchie. La pensée poétique est surprise en voie d'évolution. La période débute par un terme abstrait, se continue par une métaphore et s'achève sur une image. Il peut arriver que le poète renverse cet ordre et nous présente l'image la première ; mais ce ne sera que par exception, par artifice de style et pour obtenir un effet de surprise. Ce ne peut être son procédé usuel, car ce n'est pas la marche normale de sa pensée. Chez lui l'idée s'épanouit en images plus facilement que les images ne se contractent en idée.

Remarquons en outre que la marche de l'abstrait au concret étant progressive, est esthétiquement supérieure. Si l'image nous est présentée la première, nous avons le regret de la voir se décolorer, perdre la netteté de ses contours, se fondre en simples métaphores, et finalement faire place à la pensée abstraite : c'est la poésie qui finit en prose, la source qui tarit et se perd dans les sables. Si l'on nous présente au contraire en dernier lieu le terme qui doit le plus frapper l'imagination, il y a progression ; nous prenons plaisir à voir la pensée s'enrichir, l'imagination entrer en jeu, s'exalter, devenir dominante : la période poétique, d'abord calme et posée, s'élève par élans, et finit en pleine poésie.

Nous arrivons à la dernière période de la composition poétique : celle où l'on donne à la pensée sa forme verbale définitive.

Cet enveloppement de la pensée dans les mots est toujours une opération délicate. Il s'agit d'exprimer son idée ; cela suppose qu'elle est vraiment donnée, et l'on croit en effet l'avoir présente à l'esprit, puisqu'on cherche à l'exprimer ; mais dès qu'on s'y applique, on s'aperçoit, à une résistance inattendue, que le travail n'est pas aussi avancé qu'on se le figurait. L'idée n'est pas encore exprimable. Elle est encore très incomplète, ou bien elle est confuse, enveloppée, enchevêtrée. Elle ne prendra une forme arrêtée que lorsqu'elle se sera moulée dans une phrase. Mais il faudrait en avoir arrêté la forme pour lui trouver une phrase à sa mesure. On ne pourra donc la bien exprimer que lorsqu'on l'aura nettement conçue, et la nettement concevoir que lorsqu'on l'aura bien exprimée. C'est un cercle vicieux si jamais il en fut.

Aussi l'auteur est-il souvent bien embarrassé. Il ne sait par où commencer. Il tâtonne. Il va de l'idée à la phrase, s'efforçant tant bien que mal d'ajuster l'une à l'autre. Il retouche. Il rature. C'est parfois très laborieux. Les manuscrits des poètes, ceux surtout qu'ils n'aiment pas à montrer, la feuille de travail, le brouillon, en feraient foi.

Nous nous étonnerons moins maintenant de l'effort que requiert cette dernière période de la composition. On serait tenté de sourire de l'écrivain qui se donne tant de mal pour mettre sur pied quelques phrases. S'il sait son métier, pourquoi cherche-t-il si longtemps ses mots ? Il faut mieux comprendre sa situation. En somme, dans cette mise en œuvre définitive, il doit mener de front, au moins par alternances rapides, deux besognes dis-

tinctes : travail de l'expression verbale proprement dite ;
travail d'invention supplémentaire.

Entre le moment où nous prenons la plume pour
exprimer notre idée, et celui où nous achevons d'écrire
notre phrase, si court que soit l'intervalle, si simple
que soit la phrase, nous avons accompli un travail intellectuel considérable ; notre pensée s'est complétée,
achevée ; l'idée s'est épanouie en image ; à vrai dire, c'est
dans cette opération ultime que s'effectue la majeure
partie du travail total requis par la composition littéraire.

A supposer même que l'on sache bien d'avance ce
que l'on veut dire, il faut trouver des mots pour rendre
son idée. Or le vocabulaire le plus riche est bien pauvre
encore pour noter les nuances indéfiniment variables de
la pensée. Quoi que l'on fasse, quelque chose en sera
toujours perdu. Les formes de phrase usitées ne peuvent
non plus nous suffire : il est impossible que les tournures de phrase toutes faites dont nous disposons rendent exactement le mouvement actuel de notre pensée.
Il faudra donc nous ingénier, essayer de combinaisons
inédites et, par un effort d'invention verbale, briser les
clichés du langage courant pour trouver à nos idées une
forme satisfaisante ; et cet effort doit être d'autant plus
grand que la pensée à exprimer est plus originale.

Mais cette tâche devient particulièrement ardue lorsqu'il s'agit de donner une expression verbale à des
images concrètes, à des impressions, à des sentiments,
ce qui est la matière propre du développement poétique.
Nous avons remarqué que presque toujours les idées
abstraites se présentent à nous avec leur enveloppe
verbale. Le plus souvent, sinon toujours, elles apparaissent dans notre esprit avec quelque phrase qui les exprime, au moins sommairement. Il ne nous reste plus

qu'à retoucher un peu cette formule pour la rendre parfaite. Quand nous concevons nettement une idée abstraite, non seulement on peut dire que les mots pour
l'exprimer arrivent aisément, mais il est impossible
qu'ils ne soient pas déjà venus. Il n'en est pas de même
des images, des sentiments. Je puis me représenter très
nettement un objet coloré sans trouver aucun terme
qui explique sa forme ou sa couleur ; je puis éprouver un
sentiment passionné et être incapable de le formuler en
phrases. Quand donc l'écrivain s'est donné la représentation intense des choses qu'il veut nous décrire ou des
sentiments qu'il veut exprimer, tout reste à faire pour
leur donner une forme verbale ; on peut même dire que
jamais il n'y réussira entièrement. Quels mots exprime-
ront jamais avec une exactitude parfaite une vision
mentale donnée, un état d'âme donné ? La tâche est
donc autrement ardue que lorsqu'il s'agissait seulement
d'écrire sous la dictée rapide de la parole intérieure.

Voici encore une difficulté particulière à l'expression
poétique. S'il ne s'agissait que de donner une idée des
choses, en y mettant le temps, on y arriverait toujours.
On fournirait aux lecteurs toutes les indications nécessaires pour leur permettre de prendre de l'objet décrit
une connaissance exacte. Mais cela exigerait d'eux un
labeur intellectuel, incompatible avec l'effet poétique. Il
faudra donc faire surgir autant que possible l'image d'un
mot. Chaque phrase devra apporter une représentation,
à laquelle il sera presque impossible de faire des retou-
ches. C'est comme dans le travail de la fresque, il faut
peindre au premier coup. Seuls quelques écrivains,
doués du génie de l'expression verbale, trouvent du premier coup le mot juste qui fait voir immédiatement les
choses. En général, on pourrait poser cette loi, que l'ai-

sance du style est plutôt en raison inverse de sa puissance d'évocation. C'est dire que le poète ne sera presque jamais dispensé de l'effort d'expression verbale.

Ces difficultés, remarquons-le, n'existent pas pour l'écrivain d'inspiration, qui accepte les phrases en même temps que les idées, comme elles lui viennent. De là d'ordinaire la grâce et l'aisance de son style. La phrase de réflexion sera plus écrite, plus artificielle, plus laborieuse. Mais voici la contre-partie. Si la réflexion donne d'abord des résultats inférieurs à l'inspiration, par un effort de plus elle reprend la supériorité.

La phrase improvisée, irréfléchie, a parfois de véritables trouvailles d'expression, mais aussi bien souvent des faiblesses, des négligences. La parole suit le cours de la pensée, énonçant les idées à mesure qu'elles se produisent, une à une, en série linéaire, n'usant jamais que des constructions les plus directes et retombant presque toujours sur les mêmes types de phrase.

Quand on compose sa phrase à loisir, on n'accepte pas si aisément les premiers mots venus. Le vocabulaire gagne en richesse, en puissance de suggestion. La phrase devient plus variée de tournures, et par conséquent plus expressive. Elle se resserre en formules brèves, ou s'organise en périodes composées avec art. On peut préméditer des effets, tenir en réserve les mots de valeur jusqu'au moment où ils produiront l'impression la plus forte, briser les expressions toutes faites, contrarier les habitudes de la langue pour réveiller ses énergies.

Les poètes-stylistes ont été les plus ingénieux inventeurs de langage. C'est d'eux que procèdent tous les raffinements du style, les effets de rythme, d'harmonie imitative, les inversions expressives, le développement de la métaphore, etc.

C'est grâce à eux que la prose même, inspirée de leurs exemples, profitant de leurs découvertes, est devenue un art. C'est même chez eux que l'on retrouverait la suprême aisance de style. Quand à force d'exercice on se sera rompu à ces allures artificielles que l'écriture d'art donne à la pensée, l'esprit reprendra sa liberté d'allures, et le style acquerra une valeur esthétique que le langage improvisé ne saurait atteindre.

Ainsi, par un incessant labeur, se constituera peu à peu cette œuvre dont le lecteur, qui reçoit les images toutes faites et passe sans effort de l'une à l'autre, recevra une impression de pure poésie.

Sans doute cette méthode est très pénible. L'inspiration est certainement plus commode : si elle suffisait toujours, il est bien évident qu'on ne se fatiguerait jamais la tête à réfléchir. Mais encore une fois, il est des cas où la réflexion est nécessaire. Au cours de la composition poétique, il est des opérations indispensables que seule elle peut effectuer.

La pratique même indiquera à l'écrivain dans quels cas il doit y recourir. Au cours d'un long travail de composition, il ira d'une méthode à l'autre, selon les besoins du moment. Ce changement se fait d'instinct. On accueille l'idée qui se présente, si elle est de tout point satisfaisante ; si elle ne suffit pas, on cherche, on s'ingénie, on raisonne, on réfléchit jusqu'à ce qu'on ait trouvé. Mais surtout il faut résister à ce préjugé, en vertu duquel on attribue aux productions spontanées de l'imagination une supériorité littéraire. Un chef-d'œuvre ne se crée pas sans travail.

> Rien ne peut s'accomplir sans lutte et sans douleur,
> Quel patient effort pour que s'ouvre une fleur !
>
> M. BOUCHOR *Les Mystères d'Eleusis*.

Le génie, c'est un grand effort.

Il se produit d'ailleurs, à la suite d'efforts cérébraux intenses, un phénomène psychique remarquable : c'est cette sorte d'excitation des facultés inventives, que finit par provoquer la réflexion même. L'inspiration, dit E. Pailleron, peut être comparée à la mise en train des hauts fourneaux : « quand c'est rouge, tout va bien[1] ». Selon A. Daudet et quelques autres écrivains, ce phénomène se produirait soudainement, comme une crise. « Tout à coup, brusquement, sans qu'on sache pourquoi ni comment, la crise du travail commence. C'est comme un surcroît de chaleur vitale qui monte au cerveau ; on est pris, envahi par son sujet et on se met à écrire avec fièvre. Alors rien ne vous arrête ; l'encrier est vide, le crayon est cassé ; peu importe, on va toujours. On s'irrite contre la nuit qui tombe, et l'on se crève les yeux dans le crépuscule en attendant la lampe qui ne vient pas. On dispute le temps au sommeil et aux repas. S'il faut partir, aller à la campagne, faire un voyage, on ne peut pas se décider à quitter le travail, on écrit encore debout, sur un coin de sa malle[2]. » Ainsi, à force de réflexion, on arrive à déterminer une sorte d'inspiration supérieure, parfois pénible encore, quelques écrivains en parlent comme d'un état d'obsession et de fièvre, mais productive, féconde, dans laquelle toutes les facultés s'exaltent à la fois.

1. Cité par A. Binet, *Année psychologique*, 1894, p. 100.
2. *Ibid.*, p. 92.

CHAPITRE VI

LA QUESTION DU VERS ET L'AVENIR DE LA POÉSIE

Une dernière question nous reste à résoudre, celle de savoir s'il est bon que la pensée poétique se donne une expression verbale particulière.

Il est naturel qu'ayant à exprimer des pensées et des sentiments d'une nature spéciale, les poètes se soient fait leurs procédés d'expression spéciaux. Jamais ils n'ont parlé tout à fait la même langue que le vulgaire.

Sans doute la différence entre la langue usuelle et la langue poétique tend à s'atténuer.

Les temps sont passés où le vocabulaire de la poésie se différentiait de celui de la prose au point de devenir un véritable idiome. Les poètes ont également renoncé à ce purisme, à ce souci d'élégance et de noblesse, qui leur faisait écarter comme indigne d'eux le mot précis, technique. Ils dédaignent la périphrase. Ils ne craignent pas d'appeler les choses par leur nom. Entre la prose et la poésie il n'y a plus de cloisons étanches ; les deux vocabulaires tendent à s'unifier.

Cependant il y aura toujours, par la force des choses, des mots poétiques, c'est-à-dire particulièrement suggestifs, évocateurs de sentiments et d'images, et des mots prosaïques, qui ne peuvent éveiller que des idées positives ou vulgaires. Naturellement les premiers se rencontreront en plus forte proportion chez les poètes, tandis que les seconds y seront plus rares.

Le poète a aussi une prédilection d'artiste pour les mots bien faits, conformes au génie de la langue ; pour les mots esthétiques, dont la structure ou la sonorité est en secrète harmonie avec l'objet qu'ils désignent[1].

Entre la prose et la poésie, voici une nouvelle différence qui n'est pas dans les mots eux-mêmes, mais dans la façon de les poser. La prose vise plutôt à l'exactitude. Étant donné qu'elle a pour but la transmission fidèle et économique de la pensée, elle a raison de le faire. Si nous avons pour exprimer notre idée un mot précis, technique, spécial, qui dit exactement ce que nous voulons dire, pourquoi en employer un autre ? Des écrivains qu'on ne s'attendrait pas à trouver si rigoristes, Fénelon par exemple, ou Renan, ont été pris de scrupule quand ils ont pensé aux pures élégances de style, et ont estimé qu'il vaudrait mieux y renoncer décidément. Rivarol a donné de forts arguments en faveur du style direct, utilitaire. Les principes mêmes de l'esthétique rationnelle, qui nous montrent la réelle beauté dans l'exacte adaptation de chaque chose à sa fin, ne nous obligeront-ils pas à adopter cet idéal, en apparence un peu austère, de l'expression stricte et adéquate? Exprimer sa pensée, toute sa pensée, rien que sa pensée, c'est bien la règle à laquelle le prosateur se sent astreint.

1. V. à ce sujet des remarques originales, exposées en une terminologie un peu étrange, dans la *Phonologie esthétique de la langue française*, par J.-B. Blondel, Guillaumin, 1897.

Ce n'est pas du tout l'idéal du poète. Il tient moins à transmettre intégralement la pensée qu'il a dans l'esprit qu'à frapper l'imagination. Que la conception qu'il nous suggère soit un peu différente de la sienne propre, peu lui importe, pourvu qu'elle soit poétiquement équivalente. Il aimera suggérer plus d'images qu'il n'en exprime formellement, abandonnant en partie le lecteur à sa libre fantaisie, et par conséquent laissant indécise et inexprimée une partie de sa pensée. On a bien des fois remarqué que l'expression adéquate de l'idée était par essence prosaïque. Une phrase nette, claire comme eau de roche, qui dit avec une netteté parfaite ce qu'elle veut dire, et rien d'autre, aura toujours peine à nous donner une impression de poésie.

Je me rends compte que la parfaite précision du style, pour être maintenue, exige un effort, une maîtrise de soi, qui n'est pas compatible avec la rêverie ; on ne doit donc pas la demander au poète ; il ne doit même pas en donner l'impression. De tout temps on l'a autorisé à ne pas trop resserrer ses expressions, à leur donner un certain jeu. Il ne faudrait pourtant pas abuser de ce droit. L'usage trop constant de cette licence poétique aurait l'inconvénient de faire perdre à l'écrivain tout souci de précision dans l'expression de sa pensée. Il en viendrait à se complaire dans les transpositions de termes, dans les à-peu-près. La tentation est si forte ! Le mot juste est parfois si difficile à amener dans un vers !

L'usage même de la métaphore incite les poètes à faire porter à faux leurs expressions ; et ce qui est le plus dangereux, c'est qu'il couvre toutes les négligences ; quand le poète a pris un mot pour l'autre, il en est quitte pour dire que c'est une métaphore. Les poètes d'inspiration sont particulièrement exposés à ces divagations de la parole. Quelques contemporains les ont recherchées systématiquement. Ils leur ont trouvé un charme particulier. Ils s'en sont fait un programme.

> Il faut aussi que tu n'ailles point
> Choisir tes mots sans quelque méprise :
> Rien de plus cher que la chanson grise
> Où l'Indécis au Précis se joint.
>
> VERLAINE.

Ce procédé de style n'est pas tout à fait absurde. On en peut obtenir certains effets. Pour exprimer des idées très vagues, des sentiments très nébuleux, les mots les moins précis ont un sens trop déterminé encore. En posant franchement et de parti pris tous les mots à faux, on abaisse leur vertu suggestive à l'extrême limite, passée laquelle ils ne signifieraient plus rien du tout. Le lecteur perd l'habitude d'en interpréter aucun à la lettre ; la pensée se trouve ainsi délivrée de l'obligation de prendre une forme définie ; l'idée reste flottante, indécise et libre entre ces mots dont aucun n'a de prise sur elle. Il est en tout cas un état d'âme que cette façon d'écrire exprimera parfaitement : c'est celui du poète fatigué, qui n'a même plus la force de chercher ses mots.

Les œuvres composées suivant ce système resteront comme un curieux exemple des effets littéraires que l'on peut tirer du *laisser aller* verbal.

Peut-être est-il bon que l'expérience ait été faite. Mais c'est assez pour une fois, il est à souhaiter qu'on n'y revienne plus.

Mais voici la différence essentielle, fondamentale qui sépare la poésie de la prose. La poésie s'est donné une forme qui est bien à elle, qu'elle se réserve pour son usage particulier, et dans laquelle elle s'enferme plus volontiers que dans toute autre. C'est la forme du vers.

D'où vient le plaisir particulier que nous éprouvons à lire ou entendre des vers ? A cette question, nous serions tentés de répondre immédiatement : de leur contenu poétique. S'ils produisent un tel effet esthétique, n'est-ce pas par la vertu qu'ils ont d'agir sur l'imagination, par la splendeur des visions qu'ils nous suggèrent, par ce luxe de comparaisons et de métaphores, par la profondeur ou la noblesse des sentiments qu'ils expriment, par leur poésie en un mot ? Rien de plus juste. Mais on n'a pas répondu à la question. La poésie en effet n'est pas chose essentielle au vers, et qui explique son attrait particulier. Comme nous l'avons constaté, on trouve aussi de la poésie dans la prose. D'autre part, le vers n'est pas nécessairement poétique ; il en est d'excellents qui valent par de tout autres qualités que celle-là.

Dans ce vers de Racine qu'admirait tant Flaubert,

La fille de Minos et de Pasiphaë !

où est la poésie ?

Peut-être la poésie produit-elle plus d'effet dans les vers que dans la prose, et s'y rencontre-t-elle plus fréquemment, pour des raisons qui restent à expliquer. Mais ce n'est pas dans cette prédominance que peut consister l'attrait très spécial des vers. Il le faut chercher dans quelque chose d'inhérent à la versification ; et cette chose est évidente ; elle saute aux yeux par la seule disposition typographique des vers ; c'est le rythme.

La parole humaine a naturellement un certain rythme. Les phrases que nous prononçons, bien qu'elles ne

soient assujetties à aucune cadence prédéterminée, ont
cependant une tendance à prendre une longueur moyenne,
et à se construire suivant un même type, ramenant à
intervalles à peu près égaux des intonations à peu près
semblables. Toute émotion tend à accentuer encore
cette périodicité. Dans l'émotion extrême, la parole devient absolument rythmique, comme l'est une plainte,
un rire d'allégresse ou une adjuration passionnée. Dès
que l'on a songé à mettre de l'art dans la parole, l'idée
devait donc tout naturellement venir de régulariser ce
chant spontané de la voix, et d'en fixer le rythme. On a
essayé de bien des systèmes de versification ; actuellement encore on trouverait chez les différents peuples
une grande variété de formes poétiques, combinées de
manière plus ou moins ingénieuse ; mais le but poursuivi est toujours le même : donner à la parole humaine
un rythme défini.

Le plaisir essentiel que peut donner le vers est donc
celui que peut donner le rythme. L'oreille s'adapte à
cette cadence qui lui devient un besoin ; elle attend avec
une sorte d'anxiété le retour de l'impression sonore
qu'elle se tient d'avance toute prête à recevoir, et c'est
chaque fois qu'elle la retrouve un plaisir d'attente satis-
faite. L'intelligence jouit de l'aisance avec laquelle la
phrase ainsi scandée se perçoit et se retient ; objective-
ment et d'une manière toute désintéressée, elle admire
la régularité de ces formes sonores, leurs qualités de
facture, l'ingéniosité de leurs combinaisons. Que la
phrase poétique, sans rien perdre de sa logique et de son
expression, puisse se prêter ainsi aux exigences du vers,
qu'elle change de pied quand il le faut, retombe avec
tant de grâce sur le rythme voulu, c'est un jeu difficile, un véritable tour de force dont les initiés savent

apprécier le mérite. Enfin et surtout, dans le rythme poétique, nous jouissons de la régularité, de la mise en ordre, de la cadence des pensées elles-mêmes. Ne parlons pas toujours des mots et des phrases. Qu'est-ce que cela quand nous lisons des vers ? Le mot n'est qu'un signe ; l'essentiel est la pensée, l'image, le sentiment exprimé.

Ce qu'il y a de merveilleux dans le vers, c'est qu'en rythmant les phrases il rythme le sentiment et la pensée. Le récitant, et par sympathie l'auditeur, est entraîné, porté par ce mouvement sonore ; son être entier en prend la cadence ; de chaque vers il reçoit un élan ; et périodiquement, suivant un plus large rythme, chaque stance lui apporte un nouvel afflux d'émotions et de pensées. C'est une houle puissante comme celle de l'Océan, qui le soulève et le berce. Dans l'audition d'un poème, ce ne sont donc pas seulement nos perceptions auditives, c'est notre activité cérébrale toute entière qui prend la forme périodique et s'ordonne suivant un rythme régulier [1] ; on a réussi, chose qui eût pu sembler tout d'abord impossible, à donner une sorte de beauté plastique à de simples états de conscience.

Le vers est donc esthétiquement plus riche que la prose ; il met en harmonie des éléments plus nombreux. Il contient en somme plus de beauté.

Nous nous expliquons son attrait et sa valeur esthétique. Montrons maintenant quelle est sa valeur poétique. Si les poètes l'ont choisi de préférence pour expri-

---

1. Voir le remarquable chapitre qu'a consacré M. Guyau, dans ses *Problèmes de l'esthétique contemporaine*, à cette question des effets psychologiques du vers (livre III, derniers chapitres) Paris, Alcan, 1884.

mer la pensée rêveuse, c'est sans doute qu'il se prête, mieux que toute autre forme verbale, à l'expression de cette pensée.

Le bercement rythmique du vers est fait, comme tout rythme, pour engourdir la réflexion. « Valse mélancolique et langoureux vertige », il empêche l'esprit de trop suivre ses idées.

Le vers a encore cette particularité, qu'il doit être lu plus lentement que la prose, puisqu'il oblige le lecteur à articuler chaque syllabe ; il lui fait prendre des temps. Dans la stance lyrique, le poète nous accorde à intervalles égaux une pause, un instant de silence et de recueillement, qui nous permette de développer à loisir les images suggérées, de nous pénétrer de notre émotion.

Le poète lui-même, pendant qu'il compose, subit cet effet du vers. On a accusé le vers et notamment la rime d'amener entre les idées des associations bizarres et d'introduire le hasard comme facteur essentiel dans la composition poétique. Le poète écrit dans le bruissement des rimes, qui l'étourdit. De là des digressions inattendues, des impropriétés d'expression, des déviations de pensée, et pour dire le mot, une certaine incohérence dans le développement. C'est là en effet un danger. Mais en revanche, que de trouvailles faites au cours de la composition ! La forme du vers est en elle-même suggestive de poésie. Par cela même qu'elle déconcerte la pensée logique, elle oblige l'esprit à se donner une tout autre allure mentale, plus spontanée, plus capricieuse, et vraiment plus poétique.

Une question doit pourtant se poser ici, qui remet tout en question. Si le vers est très poétique, à certains points de vue la prose n'est-elle pas plus poétique encore? De nos jours, elle a fait de tels progrès, elle s'est assouplie, elle s'est enrichie, elle a augmenté sa puissance d'expression à un tel point, que l'on peut se demander si dès maintenant elle ne pourrait pas remplacer avantageusement le vers. Peut-être donne-t-elle une sensation d'art moins caractérisée. Sa beauté propre, perceptible aux seuls initiés, ne se remarque qu'après coup. En revanche, comme son rythme fluide et souple se prête à toutes les évolutions de la pensée ! La prose est plus limpide encore, plus transparente que le vers, plus naturelle et plus spontanée; notre attention, qui dans les vers est toujours quelque peu distraite par les artifices de la forme, se porte ici tout entière sur les pensées exprimées. Aussi la prose peut obtenir des effets d'émotion que la lecture d'aucun poème ne nous procurera. Sa puissance d'expression pathétique est incomparable. C'est elle, et non le vers, qui pourrait nous transmettre, dans leur poignante sincérité, les émotions intimes du poète. « Il nous semble, dit Guyau, qu'un vrai poète devrait trembler à la pensée qu'un seul jour, dans un seul de ses vers, il ait pu changer ou dénaturer sa pensée en vue de la sonorité ; quelle misérable chose que de se dire : Cette larme-là ou ce sanglot vient pour la rime riche ! La position du poète rimant ses douleurs ou ses joies est déjà assez choquante par moment, sans qu'on en exagère encore l'embarras en demandant à la rime une lettre de plus qu'il n'en fallait jadis [1]. » Le mieux serait encore, semble-t-il, de ne pas rimer du tout, de renoncer à toute forme artificielle, et de donner à sa pensée l'expression qu'elle prend le plus naturellement.

---

1. *Les problèmes de l'esthétique contemporaine,* p. 240

Oui, s'il s'agissait d'arriver à la parfaite justesse de l'idée, à la parfaite clarté de l'expression ; oui, s'il fallait obtenir le plus puissant effet pathétique, la prose devrait être préférée. Mais la poésie n'est ni la vérité, ni le pathétique extrême : elle est la rêverie esthétique. Or c'est le vers qui nous amène le mieux à l'état de rêverie. C'est lui, par la beauté propre de sa forme, et même par ce qu'elle a d'artificiel, qui maintient le mieux notre rêverie, et les sentiments mêmes qui l'accompagnent, à l'état esthétique. Elle en fait une pure représentation. Elle les transporte en dehors du monde réel ; et c'est dans ces conditions que nous en pouvons recevoir une pure impression de beauté. J'adhérerais pleinement à cette pensée d'E. Poe : « Je désigne la beauté comme le domaine de la poésie... Or, l'objet-vérité, ou satisfaction de l'intellect, et l'objet-passion, ou excitation du cœur, sont beaucoup plus faciles à atteindre par le moyen de la prose. En somme, la vérité réclame une précision, et la passion une *familiarité* (les hommes vraiment passionnés me comprendront), absolument contraires à cette beauté qui n'est autre chose, je le répète, que l'excitation ou le délicieux enlèvement de l'âme [1] ».

Reste le reproche qu'on a fait au vers, de nuire à la sincérité du sentiment. Nulle critique ne saurait être plus grave, si celle-là était fondée. Ce serait-là, pour l'art des vers, une tare morale que nulle qualité esthétique ne saurait compenser. Mais l'on se fait une idée fausse de l'état mental du poète, si l'on s'imagine que parce qu'il s'applique à rythmer ses vers, il est incapable d'éprouver en même temps une émotion sincère. Pour

1. *La genèse d'un poème,* trad. Baudelaire.

le vrai poète, la poésie n'est pas un jeu, mais une chose sérieuse ; il ne craint pas de lui confier ses sentiments les plus chers. L'habitude même de composer des vers fait disparaître cette sorte de gêne que l'on a pu éprouver au début, et le sentiment de ce qu'il y a d'artificiel dans cette forme verbale. Il y a des vers absolument sincères ; nous ne nous y trompons pas, et ce sont ceux-là qui nous vont au cœur. — Mais le fait de mettre ses sentiments en vers n'en fait-il pas une sorte d'objet idéal ? Ne prendront-ils pas, dans cette transcription d'art, une apparence d'irréalité ? — Sans doute. Mais c'est peut-être pour cette raison même que le poète ose confier au vers des pensées si intimes, des sentiments si personnels, qu'il hésiterait à exprimer dans la langue commune. Certaines choses peuvent se chanter qu'on ne dirait pas, même à voix basse.

Le vers reste donc la forme d'art la plus admirable dont le poète puisse revêtir sa pensée.

Il serait très intéressant d'étudier, au point de vue de l'effet poétique, les divers systèmes de versification qui ont été successivement usités, depuis l'antiquité jusqu'à nos jours. En France même, actuellement, le poète dispose d'un grand nombre de combinaisons rythmiques, qui chacune ont leur expression particulière. Je dirai seulement quelques mots de notre alexandrin classique, qui reste jusqu'à nouvel ordre le vers typique et normal de la poésie française. Je voudrais répondre à une critique qu'on lui a adressée.

Parce que sa mesure est très régulière, on l'a accusé de monotonie. Mais c'est cette régularité même qui permet d'obtenir des effets de rythme si variés et si puissants, par les diverses façons dont cette cadence uniforme du vers se combine avec le rythme propre et indéfiniment variable de la phrase. Tantôt en effet la phrase tombe parfaitement en mesure avec le vers ; tantôt elle est avec lui en différence de phase, et ce sont des effets de contre-temps d'une singulière intensité d'expression. Soient ces lignes de prose : « Le duel reprend ; la mort plane ; le sang ruisselle. Durandal heurte et suit Closamont. L'étincelle jaillit. » C'est une phrase qui a son rythme propre, bref, saccadé, assez expressif, mais en somme de médiocre valeur esthétique. Soient maintenant ces vers :

> Le duel reprend, la mort plane, le sang ruisselle.
> Durandal heurte et suit Closamont. L'étincelle
> Jaillit...

C'est tout autre chose, et c'est bien mieux. Ici en effet vous avez deux rythmes, celui de la phrase et celui du vers, tantôt s'accordant, tantôt se contrariant comme deux forces indépendantes, et toujours s'accentuant l'un l'autre, par leurs oppositions aussi bien que par leurs rencontres. Quelle valeur incomparable prennent les mots par la façon dont ils tombent en mesure ou à contre-temps, en fin de vers ou en rejet ! Tous ces effets de rythme disparaissent si l'on n'a pas constamment présente à l'esprit la cadence du vers, surtout aux moments où elle ne coïncide pas avec la coupe de la phrase[1]. Le rythme régulier est la mesure normale.

Il va de soi qu'on ne pourrait s'en contenter. Pour satisfaire à notre besoin de variété et pour les nécessités de l'expression, on pourra en déranger la cadence, la

---

1. Voir à ce sujet d'excellentes analyses de Raoul de la Grasserie, *Des principes esthétiques de la versification française*. Maisonneuve, 1900. C'est un des traités les plus complets qui aient été publiés sur ce sujet.

ralentir, la précipiter, et par instants même, pour porter l'émotion à son maximum, la briser brusquement. Mais pas un instant on ne nous la fera oublier. Les accidents rythmiques, les variations du mouvement sonore, sa plus ou moins grande rapidité n'ont évidemment d'expression que par rapport au mouvement normal, comme exception à une loi dont nous devons garder la notion. Et notre vers français, tel que l'ont forgé nos grands poètes, est précisément construit de manière à nous la conserver toujours.

On a beaucoup travaillé de nos jours à le perfectionner encore. On a constaté que dans le vers classique, et même dans le vers romantique, il y avait beaucoup trop de règles arbitraires, de prohibitions irrationnelles, d'entraves toutes gratuites à la liberté de l'écrivain.

Pourquoi admettre certains effets de contre-temps et n'en pas admettre d'autres ? Pourquoi l'interdiction absolue de l'hiatus ? Pourquoi l'alternance obligatoire des rimes masculines et des rimes féminines ? Tout cela est arbitraire. Nos poètes contemporains se sont affranchis de ces vaines prohibitions. La rime même s'est détendue; dans certains cas on se contente de l'assonance. On a eu cent fois raison de briser cet étroit formalisme, et de laisser au poète plus d'initiative.

Serait-il possible d'imaginer des formes de vers, toutes différentes de l'alexandrin régulier, et capables de produire des effets équivalents ? Rien ne coûte d'essayer, et l'on ne s'en est pas fait faute [1]. Dans la fièvre de rénova-

---

1. En réalité, le besoin d'une révolution ne se fait pas encore sentir. Il est probable que nous garderons notre système prosodique, sous la réserve de quelques remaniements de détail, tant que ne surviendra pas dans la langue, et surtout dans l'état social, une modification considérable, qui exigera des moyens d'expression nouveaux.

tion qui a pris depuis vingt ou trente ans nos versificateurs, que de formes nouvelles nous avons vues apparaître! Vers en assonances; vers de neuf pieds, de onze
ou de treize; vers non scandés; vers de longueur arbitrairement variable; vers amorphes, etc. Je ne vois
pas jusqu'ici que de toutes ces tentatives soit sortie
une forme de vers supérieure dans son principe à
l'alexandrin, offrant une somme de qualités plus grande
et capable de le supplanter comme type normal du vers
français : de-ci de-là quelques trouvailles exquises, des
formes d'un charme subtil et délicat, applicables à l'expression de certains états d'âme très particuliers et surtout à l'expression du vague dans l'âme; mais rien de
solide, de fort, de définitif. Il faut chercher encore.

Peut-être n'a-t on pas cherché du bon côté. Il me
semble que la plupart des novateurs se sont surtout
proposé comme programme de réagir en poésie contre
la beauté géométrique, et de trouver des formes de vers
plus souples que le vers classique, de rythme moins
régulier, moins artificiel, mieux capable de s'adapter
au rythme spontané de la phrase. Par une coïncidence
singulière, en même temps que la poésie tendait à rapprocher son rythme de celui de la prose, la prose, sous
prétexte d'*écriture artiste*, se faisait de plus en plus artificielle, en sorte que ces deux formes d'expression de
la pensée humaine semblaient vouloir se rapprocher de
plus en plus. Je crois que c'était là une méprise. L'idéal
ne me semble pas que la poésie et la prose aillent se
rapprochant, mais au contraire qu'elles se différencient
le plus possible. Il est facile d'imaginer entre les deux
autant de formes intermédiaires que l'on voudra; toutes
seront admissibles à la rigueur, mais avec quelque chose
d'équivoque et de bâtard; aucune ne vaudra la prose

simple ou la franche versification. Le vers amorphe notamment, le vers qui ne serait astreint à aucun rythme régulier, est un non-sens. Bouleversez comme vous l'entendrez toutes les règles de la prosodie, mais ne touchez pas au rythme. Nul n'a jamais réussi et ne réussira à faire des vers sans rythme défini, par cette raison toute simple que ce ne seraient plus des vers. Loin de donner la préférence aux formes poétiques où le rythme est le moins accusé, j'accorderais la plus haute valeur à celles qui l'accentuent le plus franchement, aux formes très artificielles, qui pas un instant ne prennent l'allure de la prose. Ainsi notre grande strophe lyrique. Dans cette forme superbe qui lui est préparée d'avance, comment le poète pourrait-il exprimer autre chose que ses plus nobles pensées ? Sur un tel rythme, sur ces larges accords qui accompagnent sa voix, basse obligée de son chant, comment mettrait-ils de mesquins et grêles motifs ? Ce sont donc les formes de vers les plus fortement rythmées qui produiront la plus puissante émotion esthétique. Ce sont elles qui mettent le mieux en évidence la beauté propre du vers, l'effet qu'elles produisent étant tout à fait spécial, et tel que l'on ne saurait lui trouver dans la prose aucun équivalent. Ce sont donc les formes typiques auxquelles doit plutôt tendre la poésie.

Le vers ne saurait donc être trop bien rythmé. Le véritable progrès, ce serait de trouver d'autres rythmes, et si possible *des rythmes plus beaux*. Quand on compare la musique et la poésie au point de vue du rythme, on est frappé de l'immense supériorité de la musique. Le musicien tire du rythme des effets surprenants. Quelle variété de cadences, si ingénieusement combinées, si caractérisées, si expressives ! Comme la rythmique des

vers est pauvre et presque rudimentaire en comparaison !
Cette pénurie relative me semble pouvoir êtie attribuée
à deux causes.

Notre vers français actuel est fondé en principe sur
la simple numération des syllabes. Des sons en nombre
fixe occupant une durée variable, tel est notre rythme
poétique. — On pourrait concevoir un système tout
différent : des sons en nombre variable occupant une
durée fixe. C'est précisément le principe du rythme
musical. Et c'était aussi le principe du vers gréco-latin,
où deux syllabes brèves pouvaient tenir la place d'une
longue, de telle sorte que le vers conservât sa cadence
régulière quel que fût le nombre total de syllabes émises.
— Je n'ai pas à établir pour quelles raisons le premier
système a prévalu dans la prosodie moderne, et s'est dé-
finitivement imposé en France, au point de faire disparaître de notre vers toute combinaison rythmique fondée
sur la quantité des syllabes. Nous savons quel parti
ont tiré de ce rythme les poètes contemporains. Mais
je crois bien qu'ils lui ont fait rendre tout ce que le
principe comportait, et que, pour réaliser un progrès
nouveau, il faudra chercher ailleurs. En fait, en optant
pour le principe de la simple numération des syllabes,
on s'est engagé dans une impasse. L'avenir du vers est
à mon sens, non pas dans des perfectionnements de
détail désormais presque impossibles, tout ayant été
essayé, mais dans une révolution du vers, dans le retour
au principe du rythme musical : nombre variable de
sons réparti sur une durée fixe. Ce principe serait autrement fécond. Le poète tiendrait compte de la durée
relative des syllabes, élément très important qu'il ferait
entrer dans ses combinaisons rythmiques. Il pourrait
imposer au récitant un débit plus ou moins rapide, obli-

ger la voix à appuyer sur certains mots et à passer vite sur d'autres ; il aurait en un mot à sa disposition tous les effets de rythme dont actuellement le musicien dispose. Il ne suffit pas, bien entendu, de poser le principe ; il faudrait trouver les voies et moyens ; mais si l'ingéniosité de nos versificateurs s'exerçait en ce sens, je suis persuadé que pour commencer, ils auraient bien vite trouvé des formes de vers au moins équivalentes aux formes actuelles. Comme notre oreille s'est faite à la mesure arithmétique de nos vers, elle se ferait à cette cadence vraiment rythmique.

Mais pour que ces progrès dans le rythme poétique soient possibles, il sera indispensable que la mesure des vers soit notée de quelque manière. Actuellement les poètes dédaignent de le faire. Nous indiquer comment nous devons scander leurs vers, quel enfantillage ! L'oreille, semble-t-il, doit suffire. Oui, elle suffit, pour les rythmes très simples, très connus, très uniformes, qui ont été jusqu'ici usités. Mais déjà elle a des perplexités devant les rythmes inattendus que nous soumettent parfois les poètes contemporains. On vient de lire une pièce de vers écrite en octosyllabes ; quand on est encore accordé au rythme de ce vers, brusquement on tombe sur une pièce écrite en vers de neuf, de onze, ou de treize pieds. L'oreille est choquée ; ces rythmes impairs la déconcertent : nous avons peine à en prendre la cadence. Un signe quelconque, qui nous indiquerait comment ces vers doivent être scandés, nous éviterait cette impression fâcheuse. A plus forte raison sera-t-il nécessaire de multiplier les indications quand on en arrivera à des rythmes absolument nouveaux. L'absence de toute notation, telle me semble être la seconde cause qui a réduit la poésie à une telle pénurie de rythmes.

Figurons-nous en quel état d'enfance serait encore la musique, si les musiciens eux aussi s'étaient abstenus d'indiquer en quelle mesure un morceau doit être joué, quelle durée précise il faut donner à chaque note, quand il faut précipiter le mouvement, quand il faut le ralentir! C'est justement grâce à l'emploi d'une notation très détaillée qu'ils ont pu varier indéfiniment leur rythmique, et la porter à son degré de perfection actuel. S'ils s'étaient contentés, à la manière des poètes, de nous donner la série des notes qui composent un air, s'en remettant à l'oreille du soin d'en trouver la cadence, il est probable que les rythmes musicaux en seraient encore au point où en sont les rythmes poétiques. Autant que l'on peut entrevoir l'avenir, je me représente la poésie future comme établie sur des rythmes aussi variés, aussi expressifs par eux-mêmes, aussi soigneusement notés que ceux de la musique. C'est avec la musique que l'art des vers avait autrefois les rapports les plus étroits : qu'il s'en rapproche de nouveau ; que la poésie redevienne lyrique ! Les poètes contemporains obéissent à un sûr instinct artistique, quand ils réclament une versification plus musicale que la nôtre. Que ne se font-ils musiciens vraiment? La poésie musicale qu'ils rêvent n'est plus à inventer ; ils l'ont souvent entendue sans la reconnaître ; cette poésie suprême, qui aurait la force de suggestion de la parole et l'expression pathétique de la musique pure, c'est le chant !

Je parle d'une poésie de l'avenir. Ici se pose une question inquiétante. On s'est demandé si l'avenir était à la poésie. Quelques prophètes pessimistes nous menacent d'un retour à la prose, à la prose utilitaire. Ne devenons-nous pas de jour en jour plus pratiques, moins disposés à accorder dans notre vie affairée une place à l'art, à l'idéal, à la poésie ? — On n'a pas le droit de parler ainsi. Aujourd'hui comme autrefois, ce que nous voulons, c'est le progrès. Notre attention est peut-être spécialement attirée en ce moment sur d'autres réformes, plus urgentes encore que celle de la versification : sur des transformations sociales à accomplir, sur des injustices à réparer, sur des souffrances, des misères, des ignorances et autres très laides choses, que nous aurions envie de voir disparaître. En ce sens nous devenons pratiques, songeant au principal avant de songer au superflu. Ce n'est pas le signe d'une moindre élévation de goûts. Je suis persuadé que l'art, loin d'aller baissant de valeur, ira toujours prenant dans la vie humaine une importance plus grande. Le seul fait que la poésie soit d'art pur n'est pas ce qui peut nous inquiéter sur son avenir. D'autre part nous avons vu qu'ayant son domaine propre, elle ne risquait pas d'être évincée par quelque forme d'art plus pure, remplissant mieux qu'elle les mêmes fonctions. Elle subsistera donc. Elle subsistera pour son charme, pour sa noblesse, pour sa difficulté même qui la réserve à l'expression de nos sentiments les plus élevés, pour le rythme et l'harmonie qu'elle met dans toute notre âme. Mais pour acquérir ainsi son plein droit à la survivance, il faut que loin de se rapprocher de la prose, elle aille plutôt s'en différenciant plus encore, de peur de jamais faire double emploi avec elle.

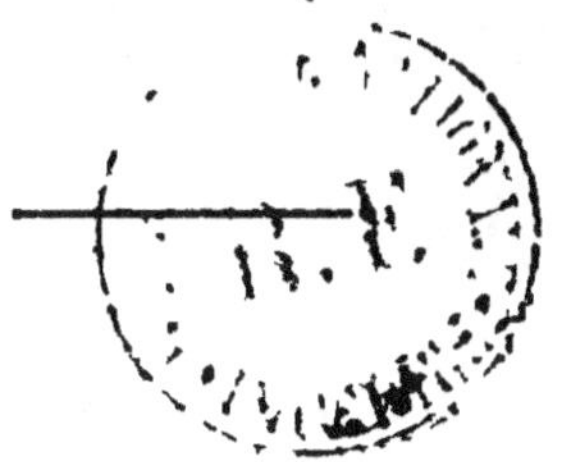

TABLE DES MATIÈRES

CHARTRES. — IMPRIMERIE DURAND, RUE FULBERT.

FÉLIX ALCAN, ÉDITEUR

LIBRAIRIES FÉLIX ALCAN ET GUILLAUMIN RÉUNIES

108, Boulevard Saint-Germain, 108, Paris, 6e.

EXTRAIT DU CATALOGUE

SCIENCES — MÉDECINE — HISTOIRE — PHILOSOPHIE
ECONOMIE POLITIQUE — STATISTIQUE — FINANCES

BIBLIOTHÈQUE
SCIENTIFIQUE INTERNATIONALE

Volumes in-8, cartonnés à l'anglaise. — Prix : 6, 9 et 12 fr.

107 VOLUMES PUBLIÉS :

1. J. TYNDALL. **Les glaciers et les transformations de l'eau,** 7e éd., illustré.
2. W. BAGEHOT. **Lois scientifiques du développement des nations,** 6e édition.
3. J. MAREY. **La machine animale,** 6e édition, illustré.
4. A. BAIN. **L'esprit et le corps,** 6e édition.
5. PETTIGREW. **La locomotion chez les animaux,** 2e éd., ill.
6. HERBERT SPENCER. **Introd. à la science sociale,** 13e édit.
7. OSCAR SCHMIDT. **Descendance et darwinisme,** 6e édition.
8. H. MAUDSLEY. **Le crime et la folie,** 7e édition.
9. VAN BENEDEN. **Les commensaux et les parasites dans le règne animal,** 4e édition, illustré.
10. BALFOUR STEWART. **La conservation de l'énergie,** 6e éd., illustré.
11. DRAPER. **Les conflits de la science et de la religion,** 11e éd.
12. Léon DUMONT. **Théorie scientifique de la sensibilité,** 4e éd.
13. SCHUTZENBERGER. **Les fermentations,** 6e édition, illustré.
14. WHITNEY. **La vie du langage,** 4e édition.
15. COOKE et BERKELEY. **Les champignons,** 4e éd., illustré.
16. BERNSTEIN. **Les sens,** 5e édition, illustré.
17. BERTHELOT. **La synthèse chimique,** 9e édition.
18. NIEWENGLOWSKI **La photographie et la photochimie,** ill.
19. LUYS. **Le cerveau, ses fonctions,** 7e édition (*épuisé*).
20. W. STANLEY JEVONS. **La monnaie et le mécanisme de l'échange,** 5e édition.
21. FUCHS. **Les volcans et les tremblements de terre,** 6e éd.
22. GÉNÉRAL BRIALMONT. **La défense des États et les camps retranchés,** 3e édition, avec fig. (*épuisé*).
23. A. DE QUATREFAGES. **L'espèce humaine,** 13e édition.
24. BLASERNA et HELMHOLTZ. **Le son et la musique,** 5e éd.
25. ROSENTHAL. **Les muscles et les nerfs,** 3e édition (*épuisé*).

COLLECTION MÉDICALE

La mélancolie, par le D' R. MASSELON.   4 fr.

Essai sur la puberté chez la femme, par le D' MARTHE FRANCILLON.   4 fr.

Hygiène de l'alimentation dans l'état de santé et de maladie, par le D' J. LAUMONIER, avec gravures. 3° éd.   4 fr.

Les nouveaux traitements, par *le même*. 2° édit.   4 fr.

Les embolies bronchiques tuberculeuses, par le D' CH. SABOURIN.   4 fr.

L'alimentation des nouveau-nés. *Hygiène de l'allaitement artificiel*, par le D' S. ICARD, avec 60 gravures. 2° édit.   4 fr.

La mort réelle et la mort apparente, diagnostic et traitement de la mort apparente, par *le même*, avec gravures.   4 fr.

L'hygiène sexuelle et ses conséquences morales, par le D' S. RIBBING, prof. à l'Univ. de Lund (Suède). 2° édit.   4 fr.

Hygiène de l'exercice chez les enfants et les jeunes gens, par le D' F. LAGRANGE, lauréat de l'Institut. 8° édit.   4 fr.

De l'exercice chez les adultes, par *le même*. 4° édition.   4 fr.

Hygiène des gens nerveux, par le D' LEVILLAIN, avec gravures. 4° édition.   4 fr.

L'éducation rationnelle de la volonté, son emploi thérapeutique, par le D' PAUL-EMILE LÉVY. Préface de M. le prof. BERNHEIM. 5° édition.   4 fr.

L'idiotie. *Psychologie et éducation de l'idiot*, par le D' J. VOISIN, médecin de la Salpêtrière, avec gravures.   4 fr.

L'instinct sexuel. *Évolution, dissolution*, par *le même*. 2° éd. 4 fr.

La famille névropathique, *Hérédité, prédisposition morbide, dégénérescence*, par le D' CH. FÉRÉ, médecin de Bicêtre, avec gravures. 2° édition.   4 fr.

Le traitement des aliénés dans les familles, par *le même*. 3° édition.   4 fr.

L'hystérie et son traitement, par le D' PAUL SOLLIER. 4 fr.

Manuel de psychiatrie, par le D' J. ROGUES DE FURSAC. 2° éd. 4 fr.

L'éducation physique de la jeunesse, par A. MOSSO, professeur à l'Université de Turin.   4 fr.

Manuel de percussion et d'auscultation, par le D' P. SIMON, professeur à la Faculté de médecine de Nancy, avec grav.   4 fr.

Éléments d'anatomie et de physiologie génitales et obstétricales, par le D' A. POZZI, professeur à l'École de médecine de Reims, avec 219 gravures.   4 fr.

Mannuel théorique et pratique d'accouchements, par *le même*, avec 138 gravures. 4° édition.   4 fr.

Morphinisme et Morphinomanie, par le D' PAUL RODET. (*Couronné par l'Académie de médecine.*)   4 fr.

La fatigue et l'entrainement physique, par le D' PH. TISSIÉ, avec gravures. Préface de M. le prof. BOUCHARD. 2° édition.   4 fr.

Les maladies de la vessie et de l'urèthre chez la femme, par le D' KOLISCHER ; trad. de l'allemand par le D' BEUTTNER, de Genève ; avec gravures.   4 fr.

La profession médicale. *Ses devoirs, ses droits,* par le D' G. MORACHE, professeur de médecine légale à l'Université de Bordeaux.   4 fr.

Le mariage, par *le même*.   4 fr.

Grossesse et accouchement, par *le même*.   4 fr.

Naissance et mort, par *le même*.   4 fr.

La responsabilité, par *le même*.   4 fr.

Manuel d'électrothérapie et d'électrodiagnostic, par le D' E. ALBERT-WEIL, avec 88 gravures. 2° éd.   4 fr.

Traité de l'intubation du larynx *chez l'enfant et chez l'adulte,* par le D' A. BONAIN, avec 42 gravures.   4 fr.

Pratique de la chirurgie courante, par le D' M. CORNET. Préface du P' OLLIER, avec 111 gravures.   4 fr.

Dans la même collection :

COURS DE MÉDECINE OPÉRATOIRE

de M. le Professeur Félix Terrier.

Petit manuel d'antisepsie et d'asepsie chirurgicales, par les D'' FÉLIX TERRIER, professeur à la Faculté de médecine de Paris, et M. PÉRAIRE, ancien interne des hôpitaux, avec grav. 3 fr.

Petit manuel d'anesthésie chirurgicale, par *les mêmes*, avec 37 gravures.   3 fr.

L'opération du trépan, par *les mêmes*, avec 222 grav. 4 fr.

Chirurgie de la face, par les D'' FÉLIX TERRIER, GUILLEMAIN et MALHERBE, avec gravures.   4 fr.

Chirurgie du cou, par *les mêmes*, avec gravures.   4 fr.

Chirurgie du cœur et du péricarde, par les D'' FÉLIX TERRIER et E. REYMOND, avec 79 gravures.   3 fr.

Chirurgie de la plèvre et du poumon, par *les mêmes*, avec 67 gravures.   4 fr.

MÉDECINE

A. — Pathologie et thérapeutique médicales.

AXENFELD ET HUCHARD. Traité des névroses. 2ᵉ édition, par HENRI HUCHARD. 1 fort vol. gr. in-8. **20 fr.**

BOUCHUT ET DESPRÉS. Dictionnaire de médecine et de thérapeutique médicale et chirurgicale, comprenant le resumé de la médecine et de la chirurgie, les indications thérapeutiques de chaque maladie, la médecine opératoire, les accouchements, l'oculistique, l'odontotechnie, les maladies d'oreilles, l'électrisation, la matière médicale, les eaux minérales, et un formulaire spécial pour chaque maladie. 6ᵉ édition, très augmentée. 1 vol. in-4, avec 1001 fig. dans le texte et 3 cartes. Broché, 25 fr. ; relié, **30 fr.**

BOURCART et CAUTRU. Le ventre. I. *Le rein*. 1 vol. gr. in-8 avec grav. et planches. **10 fr.**

CAMUS ET PAGNIEZ. Isolement et psychothérapie. *Traitement de la neurasthénie.* Préface du Pʳ DÉJERINE. 1 vol. gr. in-8. **9 fr.**
Couronné par l'Académie des Sciences (Prix Lallemand.)

CORNIL ET BABES. Les bactéries et leur rôle dans l'anatomie et l'histologie pathologiques des maladies infectieuses. 3ᵉ éd. entierement refondue. 2 vol. in-8, avec 350 fig. dans le texte en noir et en couleurs et 12 planches hors texte. **40 fr.**

DAVID. Les microbes de la bouche. 1 vol. in-8, avec gravures en noir et en couleurs dans le texte. **10 fr.**

DELBET (Pierre). Du traitement des anévrysmes. 1 vol. in-8. **5 fr.**

DURAND-FARDEL. Traité des eaux minérales de la France et do l'étranger, leur emploi dans les maladies chroniques. 3ᵉ éd. 1 v. in-8. **10 fr.**

FÉRÉ (Ch.). Les épilepsies et les épileptiques. 1 vol. gr. in-8, avec 12 planches hors texte et 67 grav. dans le texte. **20 fr.**

— La pathologie des émotions. 1 vol. in-8. **12 fr.**

FINGER (E.). La syphilis et les maladies vénériennes. Trad. de l'allemand avec notes par les docteurs SPILLMANN et DOYON. 2ᵉ édit. 1 vol. in-8, avec 5 planches hors texte. **12 fr.**

FLEURY (Maurice de). Introduction à la médecine de l'esprit. 7ᵉ édit. 1 vol. in-8. **7 fr. 50**
(Ouvrage couronné par l'Académie française et par l'Académie de médecine.)

— Les grands symptômes neurasthéniques. 3ᵉ édition, revue. 1 vol. in-8. **7 fr. 50**

— Manuel pour l'étude des maladies du système nerveux. 1 vol. gr. in-8, avec 132 grav. en noir et en couleurs, cart. à l'angl. **25 fr.**
Les deux derniers ouvrages ont été couronnés par l'Académie des Sciences (Prix Lallemand).

GLÉNARD. Les ptoses viscérales (Estomac, Intestin, Rein, Foie, Rate). 1 vol. gr. in-8, avec 224 fig. et 30 tableaux synoptiques. **20 fr.**

GRASSET. Les maladies de l'orientation et de l'équilibre. 1 vol. in-8, cart à l'angl. **6 fr.**

HÉRARD, CORNIL ET HANOT. De la phtisie pulmonaire. 2ᵉ éd. 1 vol. in-8, avec fig. dans le texte et pl. coloriées. **20 fr.**

ICARD (S.). La femme pendant la période menstruelle. Étude de psychologie morbide et de médecine légale. In-8. **6 fr.**

JANET (P.) ET RAYMOND (F.). Névroses et idées fixes.
> TOME I. — *Études expérimentales sur les troubles de la volonté, de l'attention, de la mémoire; sur les émotions, les idées obsédantes et leur traitement,* par P. JANET. 2ᵉ éd. 1 vol. gr. in-8, avec 68 gr. 12 fr.
> TOME II. — *Fragments des leçons cliniques du mardi sur les névroses, les maladies produites par les émotions, les idées obsédantes et leur traitement,* par F. RAYMOND et P. JANET. 1 vol. grand in-8, avec 97 gravures. 14 fr.
> (*Ouvrage couronné par l'Académie des Sciences et par l'Académie de médecine.*)

JANET (P.) ET RAYMOND (F.) Les obsessions et la psychasthénie.
> TOME I. — *Études cliniques et expérimentales sur les idées obsédantes, les impulsions, les manies mentales, la folie du doute, les tics, les agitations, les phobies, les délires du contact, les angoisses, les sentiments d'incomplétude, la neurasthénie, les modifications des sentiments du réel, leur pathogénie et leur traitement,* par P. JANET. 1 vol. in-8 raisin, avec gravures dans le texte. 18 fr.
> TOME II. — *Fragments des leçons cliniques du mardi sur les états neurasthéniques, les aboulies, les sentiments d'incomplétude, les agitations et les angoisses diffuses, les algies, les phobies, les délires du contact, les tics, les manies mentales, les folies du doute, les idées obsédantes, les impulsions, leur pathogénie et leur traitement,* par F. RAYMOND, et P. JANET. 1 vol. in-8 raisin, avec 22 grav. dans le texte. 14 fr.

LAGRANGE (F.). Les mouvements méthodiques et la « mécanothérapie ». 1 vol. in-8, avec 55 gravures dans le texte. 10 fr.

— Le traitement des affections du cœur par l'exercice et le mouvement. 1 vol. in-8, avec nombreux graphiques et une carte hors texte. 6 fr.

— La médication par l'exercice. 1 vol. gr. in-8 avec 68 grav. et une planche en couleurs hors texte. 2ᵉ éd. 12 fr.

LE DANTEC (F.). Introduction à la pathologie générale. 1 fort vol. gr. in-8. 15 fr.

MARVAUD (A.). Les maladies du soldat, étude étiologique, épidémiologique et prophylactique. 1 vol. grand in-8. 20 fr.
> (*Ouvrage couronné par l'Académie des sciences.*)

MOSSÉ. Le diabète et l'alimentation aux pommes de terre. 1 vol. in-8. 5 fr.

RILLIET ET BARTHEZ. Traité clinique et pratique des maladies des enfants. 3ᵉ édition, refondue et augmentée, par BARTHEZ et A. SANNÉ.
> TOME I, 1 fort vol. gr. in-8. 16 fr.
> TOME II, 1 fort vol. gr. in-8. 14 fr.
> TOME III terminant l'ouvrage, 1 fort vol. gr. in-8. 25 fr.

SOLLIER (Paul). Genèse et nature de l'hystérie. 2 forts vol. in-8. 20 fr.

SPRINGER. La croissance. Son rôle en pathologie. Essai de pathologie générale. 1 vol. in-8. 6 fr.

VOISIN (J.) L'épilepsie. 1 vol. in-8. 6 fr.

WIDE (A.). Traité de gymnastique médicale suédoise. Trad., annoté et augm. par le Dᵣ BOURCART. 1 vol. in-8, avec 128 grav. 12 fr. 50

B. — Pathologie et thérapeutique chirurgicales.

Congrès français de chirurgie. Mémoires et discussions, publiés par MM. Pozzi et Picqué, secrétaires généraux :
1re, 2e et 3e sessions : 1885, 1886, 1888, 3 forts vol. gr. in-8, avec fig., chacun, 14 fr. — 4e session : 1889, 1 fort vol. gr. in-8, avec fig., 16 fr. — 5e session : 1891, 1 fort vol. gr. in-8, avec fig., 14 fr. — 6e session : 1892, 1 fort vol. gr. in-8, avec fig., 16 fr. — 7e session : 1893, 1 fort vol. gr. in-8, 18 fr. — 8e, 9e, 10e, 11e, 12e, 13e, 14e, 15e et 16e sessions : 1894-95-96-97-98-99-1901-02-03, chaque volume. 20 fr.

DE BOVIS. Le cancer du gros intestin, *rectum excepté.* 1 volume in-8. 5 fr.

DELORME. Traité de chirurgie de guerre. 2 vol. gr. in-8.
Tome I, avec 95 grav. dans le texte et une pl. hors texte. 16 fr.
Tome II, terminant l'ouvrage, avec 400 grav. dans le texte. 26 fr.
(Ouvrage couronné par l'Académie des Sciences.)

DURET (H.). Les tumeurs de l'encéphale. *Manifestations et chirurgie.* 1 fort vol. gr. in-8 avec 300 figures. 20 fr.

ESTOR. Guide pratique de chirurgie infantile. 1 vol. in-8, avec 165 gravures. 8 fr.

FRAISSE. Principes du diagnostic gynécologique. 1 vol. in-12, avec gravures. 5 fr.

KOSCHER. Les fractures de l'humérus et du fémur. 1 vol. gr. in-8, avec 105 fig. et 56 planches hors texte. 15 fr.

LABADIE-LAGRAVE et LEGUEU. Traité médico-chirurgical de gynécologie. 3e édition entièrement remaniée. 1 vol. grand in-8, avec nombreuses fig., cart. a l'angl. 25 fr.

F. LEGUEU. Leçons de clinique chirurgicale (Hôtel-Dieu, 1901). 1 vol. grand in-8, avec 71 gravures dans le texte. 12 fr.

LIEBREICH. Atlas d'ophtalmoscopie, représentant l'état normal et les modifications pathologiques du fond de l'œil vues à l'ophtalmoscope. 3e édition. Atlas in-f° de 12 planches. 40 fr.

NIMIER (H.). Blessures du crâne et de l'encéphale par coup de feu. 1 vol. in-8, avec 150 fig. 15 fr.

NIMIER (H.) et DESPAGNET. Traité élémentaire d'ophtalmologie. 1 fort vol. gr. in-8, avec 432 gravures. Cart. à l'angl. 20 fr.

NIMIER (H.) et LAVAL. Les projectiles de guerre et leur action vulnérante. 1 vol. in-12, avec grav. 3 fr.

— Les explosifs, les poudres, les projectiles d'exercice, leur action et leurs effets vulnérants. 1 vol. in-12, avec grav. 3 fr.

— Les armes blanches, leur action et leurs effets vulnérants. 1 vol. in-12, avec grav. 6 fr.

— De l'infection en chirurgie d'armée, évolution des blessures de guerre. 1 vol. in-12, avec grav. 6 fr.

— Traitement des blessures de guerre. 1 fort vol. in-12, avec gravures 6 fr.

F. TERRIER et M. AUVRAY. Chirurgie du foie et des voies biliaires. 1 vol. grand in-8, avec 50 fig. 10 fr.

F. TERRIER et M. PÉRAIRE. Manuel de petite chirurgie. 8e édition, entièrement refondue. 1 fort vol. in-12, avec 572 fig., cartonné à l'anglaise. 8 fr.

C. — Thérapeutique. Pharmacie. Hygiène.

BOSSU. **Petit compendium médical.** 6ᵉ édit. 1 vol. in-32, cartonné
à l'anglaise.   1 fr. 25

BOUCHARDAT. **Nouveau formulaire magistral.** 1900. 1 vol.
in-18, cartonné.   4 fr.

BOUCHARDAT ET DESOUBRY. **Formulaire vétérinaire,** conte-
nant le mode d'action, l'emploi et les doses des médicaments. 6ᵉ édit.
1 vol. in-18, broché, 3 fr. 50; cartonné, 4 fr.; relié.   4 fr. 50

BOUCHARDAT. **De la glycosurie ou diabète sucré,** son traitement hygiénique. 2ᵉ édition. 1 vol. grand in-8.

BOUCHARDAT. **Traité d'hygiène publique et privée,** basée sur
l'étiologie. 3ᵉ édition. 1 fort volume gr. in-8.   18 fr.

BOURGEOIS (G.). **Exode rural et tuberculose.** 1 vol. gr. in-8.   5 fr.

CHASSEVANT (A.). **Précis de chimie physiologique.** 1 vol. gr.
in-8.   10 fr.

LAGRANGE (F.). **La médication par l'exercice.** 1 vol. grand in-8,
avec 68 grav. et une carte en couleurs. 2 éd.   12 fr.
— **Les mouvements méthodiques et la « mécanothérapie ».**
1 vol. in-8, avec 55 gravures.   10 fr.

MOSSÉ. **Le diabète et l'alimentation aux pommes de terre.**
1 volume in-8, avec graphiques.   5 fr.

WEBER. **Climatothérapie.** Traduit de l'allemand par les docteurs
DOYON et SPILMANN. 1 vol. in-8.   6 fr.

D. — Anatomie. Physiologie. Histologie.

BELZUNG. **Anatomie et physiologie végétales.** 1 fort volume
in-8, avec 1700 gravures.   20 fr.
— **Anatomie et physiologie animales.** 9ᵉ édition revue. 1 fort
volume in-8, avec 522 gravures dans le texte, broché, 6 fr.; cart.   7 fr.

BÉRAUD (B.-J.). **Atlas complet d'anatomie chirurgicale topo-
graphique,** pouvant servir de complément à tous les ouvrages d'anatomie chirurgicale, composé de 109 planches représentant plus de 200
figures gravées sur acier, avec texte explicatif. 1 fort vol. in-4.
    Prix : Fig. noires, relié, 60 fr. — Fig. coloriées, relié, 120 fr.

CORNIL, RANVIER, BRAULT ET LETULLE. **Manuel d'histologie
pathologique.** 3ᵉ édition entièrement remaniée.

    TOME I, par MM. RANVIER, CORNIL, BRAULT, F. BEZANÇON et
M. CAZIN. — *Histologie normale. — Cellules et tissus normaux.
— Généralités sur l'histologie pathologique. — Altération des
cellules et des tissus. — Inflammations. — Tumeurs. — Notions sur
les bactéries. — Maladies des systèmes et des tissus. — Altérations
du tissu conjonctif.* 1 vol. in-8, avec 387 gravures en noir et en
couleurs.   25 fr.
    TOME II, par MM. DURANTE, JOLLY, DOMINICI, GOMBAULT et PHILLIPE.
— *Muscles. — Sang et hématopoïèse. — Généralités sur le système
nerveux.* 1 vol. in-8, avec 278 grav. en noir et en couleurs.   25 fr.

TOME III, par MM. GOMBAULT, NAGEOTTE, RICHE, MARIE, DURANTE, LEGRY, MILIAN, BEZANÇON. — *Cerveau.* — *Moelle.* — *Nerfs.* — *Cœur.* — *Poumon.* — *Larynx.* — *Ganglion lymphatique.* — *Rate.* 1 vol. in-8, avec grav. en noir et en coul. (*Paraîtra en Octobre 1906.*) L'ouvrage complet comprendra 4 volumes.

CYON (E. DE). **Les nerfs du cœur.** 1 vol. gr. in-8 avec fig.   6 fr.

DEBIERRE. **Traité élémentaire d'anatomie de l'homme.** Anatomie descriptive et dissection, avec notions d'organogénie et d'embryologie générales. Ouvrage complet en 2 volumes.   40 fr.

   TOME I. *Manuel de l'amphithéâtre.* 1 vol. in-8 de 950 pages, avec 450 figures en noir et en couleurs dans le texte.   20 fr.

   TOME II ET DERNIER. 1 vol. in-8, avec 515 figures en noir et en couleurs dans le texte.   20 fr.

   (*Couronné par l'Académie des Sciences.*)

DEBIERRE. **Les centres nerveux** (Moelle épinière et encéphale), avec applications physiologiques et médico-chirurgicales. 1 vol. in-8, avec grav. en noir et en couleurs.   12 fr.

— **Atlas d'ostéologie,** comprenant les articulations des os et les insertions musculaires. 1 vol. in-4, avec 253 grav. en noir et en couleurs, cart. toile dorée.   12 fr.

— **Leçons sur le péritoine.** 1 vol. in-8, avec 58 figures.   4 fr.

— **L'embryologie en quelques leçons.** 1 vol. in-8, avec 145 fig.   4 fr

G. DEMENY. **Mécanisme et éducation des mouvements.** 2e éd. 1 vol. in-8, avec 565 figures.   9 fr.

DUVAL (Mathias). **Le placenta des rongeurs.** 1 vol. in-4, avec 106 fig. dans le texte et un atlas de 22 planches en taille-douce hors texte.   40 fr.

— **Le placenta des carnassiers.** 1 beau vol. in-4, avec 46 figures dans le texte et un atlas de 13 planches en taille douce.   25 fr.

— **Études sur l'embryologie des chéiroptères.** *L'ovule, la gastrula, le blastoderme et l'origine des annexes chez le murin.* 1 fort vol., avec 29 fig. dans le texte et 5 planches en taille-douce.   15 fr.

FAU. **Anatomie des formes du corps humain,** à l'usage des peintres et des sculpteurs. 1 atlas in-folio de 25 planches. Prix : Figures noires, 15 fr. — Figures coloriées.   30 fr.

FÉRÉ. **Travail et plaisir.** *Études de psycho-mécanique.* 1 vol. gr. in-8, avec 200 fig.   12 fr.

— **Sensation et mouvement.** 2e éd. 1 vol. in-16, avec grav.   2 fr. 50

GLEY (E.). **Etudes de psychologie physiologique et pathologique.** 1 vol. in-8 avec gravures.   5 fr.

GRASSET (J.). **Les limites de la biologie.** 4e édit. Préface de Paul BOURGET. 1 vol. in-16.   2 fr. 50

LE DANTEC. **Traité de biologie.** 1 vol. grand in-8, avec fig., 2e éd. 15 fr.

— **Lamarckiens et Darwiniens.** 2e édit. 1 vol. in-16.   2 fr. 50

— **L'Unité dans l'être vivant.** *Essai d'une biologie chimique.* 1 vol. in-8.   7 fr. 50

— **Les limites du connaissable.** *La vie et les phénomènes naturels.* 2e édit. 1 vol. in-8.   3 fr. 75

PREYER. **Éléments de physiologie générale.** Traduit de l'allemand par M. J. SOURY. 1 vol. in-8.   5 fr.

— **Physiologie spéciale de l'embryon.** 1 vol. in-8, avec figures et 9 planches hors texte.   7 fr. 50

SPENCER (Herbert). **Principes de biologie,** traduit par M. CAZELLES. 4e édit. 2 forts vol. in-8.   20 fr.

BIBLIOTHÈQUE GÉNÉRALE DES SCIENCES SOCIALES

Secrétaire de la rédaction : DICK MAY, Secrét. gén. de l'Éc. des Hautes Études sociales.

Volumes in-8 carré de 300 pages environ, cart. à l'anglaise.

Chaque volume, 6 fr.

L'Individualisation de la peine, par R. SALEILLES, professeur à la Faculté de droit de l'Université de Paris.

L'Idéalisme social, par EUGÈNE FOURNIÈRE.

Ouvriers du temps passé (xve et xvie siècles), par H. HAUSER, professeur à l'Université de Dijon, 2e édition.

Les transformations du pouvoir, par G. TARDE, de l'Institut, professeur au Collège de France.

Morale sociale, par MM. G. BELOT, MARCEL BERNÈS, BRUNSCHVICG, F. BUISSON, DARLU, DAURIAC, DELBET, CH. GIDE, M. KOVALEVSKY, MALAPERT, le R. P. MAUMUS, DE ROBERTY, G. SOREL, le PASTEUR WAGNER. Préface de M. ÉMILE BOUTROUX, de l'Institut.

Les enquêtes, *pratique et théorie,* par P. DU MAROUSSEM. *(Ouvrage couronné par l'Institut.)*

Questions de morale, par MM. BELOT, BERNÈS, F. BUISSON, A. CROISET, DARLU, DELBOS, FOURNIÈRE, MALAPERT, MOCH, D. PARODI, G. SOREL.

Le développement du catholicisme social, depuis l'encyclique *Rerum Novarum,* par MAX TURMANN.

Le socialisme sans doctrines, par A. MÉTIN.

L'éducation morale dans l'Université (*Enseignement secondaire*). Conférences et discussions, sous la présidence de M. A. CROISET, doyen de la Faculté des lettres de l'Université de Paris.

La méthode historique appliquée aux sciences sociales, par CH. SEIGNOBOS, maître de conf. à l'Univ. de Paris.

Assistance sociale. *Pauvres et mendiants,* par PAUL STRAUSS, sénateur.

L'hygiène sociale, par E. DUCLAUX, de l'Institut, directeur de l'Institut Pasteur.

Le contrat de travail. *Le rôle des syndicats professionnels,* par P. BUREAU, professeur à la Faculté libre de droit de Paris.

Essai d'une philosophie de la solidarité. Conférences et discussions, sous la présidence de MM. LÉON BOURGEOIS, sénateur, ancien président du Conseil des ministres, et A. CROISET, de l'Institut, doyen de la Faculté des lettres de Paris.

L'éducation de la démocratie. Leçons professées à l'École des Hautes Études sociales, par MM. E. LAVISSE, A. CROISET, SEIGNOBOS, MALAPERT, LANSON, HADAMARD.

L'exode rural et le retour aux champs, par E. VANDERVELDE, professeur à l'Université nouvelle de Bruxelles.

La lutte pour l'existence et l'évolution des sociétés, par J.-L. DE LANESSAN, député, ancien ministre de la Marine.

La concurrence sociale et les devoirs sociaux, par LE MÊME.

La démocratie devant la science, par C. Bouglé, professeur à l'Université de Toulouse.

L'Individualisme anarchiste. *Max Stirner,* par V. Basch, professeur à l'Université de Rennes.

Les applications sociales de la solidarité, par MM. P. Budin, Ch. Gide, H. Monod, Paulet, Robin, Siegfried, Brouardel. Préface de M. Léon Bourgeois.

La paix et l'enseignement pacifiste, par MM. Fr. Passy, Ch. Richet, d'Estournelles de Constant, E. Bourgeois, A. Weiss, H. La Fontaine, G. Lyon.

Études sur la philosophie morale au XIXᵉ siècle, par MM. Belot, A. Darlu, M. Bernès, A. Landry, Ch. Gide, E. Roberty, R. Allier, H. Lichtenberger, L. Brunschvicg.

Enseignement et démocratie, par MM. Croiset, Devinat, Boitel, Millerand, Appell, Seignobos, Lanson, Ch.-V. Langlois.

Religions et sociétés, par MM. Th. Reinach, A. Puech, R. Allier, A. Leroy-Beaulieu, le Bᵒⁿ Carra de Vaux, H. Dreyfus.

Essais socialistes, *La religion, L'alcoolisme, L'art,* par E. Vandervelde, professeur à l'Université nouvelle de Bruxelles.

MINISTRES ET HOMMES D'ÉTAT

Chaque volume in-16, 2 fr. 50

Bismarck, par H. Welschinger.
Prim, par H. Leonardon.
Disraeli, par M. Courcelle.

Ôkoubo, ministre japonais, par M. Courant.
Chamberlain, par A. Viallate.

LES MAITRES DE LA MUSIQUE

ÉTUDES D'HISTOIRE ET D'ESTHÉTIQUE

Publiées sous la direction de M. Jean Chantavoine

Chaque volume in-8 de 250 pages environ, 3 fr. 50

Palestina, par M. Brenet.
J.-S. Bach, par André Pirro.

César Franck, par Vincent d'Indy.

En préparation :

Grétry, par Pierre Aubry. — **Mendelssohn,** par Camille Bellaigue. — **Beethoven,** par Jean Chantavoine. — **Orlande de Lassus,** par Henry Expert. — **Wagner,** par Henri Lichtenberger. — **Berlioz,** par Romain Rolland. — **Rameau,** par L. Laloy. — **Schubert,** par A. Schweitzer. — **Gluck,** par Julien Tiersot, etc., etc.

BIBLIOTHÈQUE
D'HISTOIRE CONTEMPORAINE
Volumes in-16 et in-8

EUROPE

HISTOIRE DE L'EUROPE PENDANT LA RÉVOLUTION FRANÇAISE, par *H. de Sybel*. Traduit de l'allemand par Mlle Dosquet. 6 vol. in-8. Chacun.   7 fr.
HISTOIRE DIPLOMATIQUE DE L'EUROPE, DE 1815 A 1878, par *Debidour*, 2 vol. in-8. . . . .   18 fr.
LA QUESTION D'ORIENT, depuis ses origines jusqu'à nos jours, par *E. Driault*; préface de *G. Monod*. 1 vol. in-8. 3ᵉ édit. . . . . .   7 fr.
LA PAPAUTÉ, par *I. de Dœllenger*. Traduit de l'allemand par *A. Giraud-Teulon*. 1 vol. in-8. . . . .   7 fr.
QUESTIONS DIPLOMATIQUES DE 1901, par *A. Tardieu*. 1 vol. in-16.   3 fr. 50

FRANCE

LA RÉVOLUTION FRANÇAISE, par *H. Carnot*. 1 vol. in-16. Nouv. éd. 3 fr. 50
LA THÉOPHILANTHROPIE ET LE CULTE DÉCADAIRE (1796-1801), par *A. Mathiez*. 1 vol. in-8. . . . .   12 fr.
CONTRIBUTIONS A L'HISTOIRE RELIGIEUSE DE LA RÉVOLUTION FRANÇAISE, par *le même*. 1 vol. in-16. . . . .   3 fr. 50
CONDORCET ET LA RÉVOLUTION FRANÇAISE, par *L. Cahen*. 1 vol. in-8.   10 fr.
LE CULTE DE LA RAISON ET LE CULTE DE L'ÊTRE SUPRÊME (1793-1794). Étude historique, par *A. Aulard*. 2ᵉ éd. 1 vol. in-16. . . . .   3 fr. 50
ÉTUDES ET LEÇONS SUR LA RÉVOLUTION FRANÇAISE, par *A. Aulard*. 4 vol. in-16. Chacun . . . .   3 fr. 50
VARIÉTÉS RÉVOLUTIONNAIRES, par *M. Pellet*. 3 vol. in-16. Chacun 3 fr. 50
HOMMES ET CHOSES DE LA RÉVOLUTION, par *Eug. Spuller*. 1 vol. in-16. . . . .   3 fr. 50
LES CAMPAGNES DES ARMÉES FRANÇAISES (1792-1815), par *C. Vallaux*, 1 vol. in-16, avec 17 cartes. . . . .   3 fr. 50
LA POLITIQUE ORIENTALE DE NAPOLÉON (1806-1808), par *E. Driault*. 1 vol. in-8. . . . .   7 fr.
NAPOLÉON ET LA SOCIÉTÉ DE SON TEMPS, par *P. Bondois*. 1 vol. in-8.   7 fr.
DE WATERLOO A SAINTE-HÉLÈNE (20 juin-16 oct. 1815), par *J. Silvestre*. 1 vol. in-16. . . . .   3 fr. 50
HISTOIRE DE DIX ANS (1830-1840), par *Louis Blanc*. 5 vol. in-8. Chacun.   5 fr.
ASSOCIATIONS ET SOCIÉTÉS SECRÈTES SOUS LA DEUXIÈME RÉPUBLIQUE (1848-1851), par *J. Tchernoff*. 1 vol. in-8. . . . .   7 fr.
HISTOIRE DU SECOND EMPIRE (1848-1870), par *Taxile Delord*. 6 vol. in-8. Chacun . . . .   7 fr.
HISTOIRE DU PARTI RÉPUBLICAIN (1814-1870), par *G. Weill*. 1 v. in-8.   10 fr.
HISTOIRE DU MOUVEMENT SOCIAL (1852-1902), par *le même*. 1 v. in-8.   7 fr.
LA CAMPAGNE DE L'EST (1870-71), par *Poullet*. 1 vol. in-8 avec cartes.   7 fr.
HISTOIRE DE LA TROISIÈME RÉPUBLIQUE, par *E. Zévort* :
    I. *Présidence de M. Thiers*. 1 vol. in-8. 2ᵉ édit. . . . . .   7 fr.
    II. *Présidence du Maréchal*. 1 vol. in-8. 2ᵉ édit. . . . . .   7 fr.
    III. *Présidence de Jules Grévy*. 1 vol. in-8. 2ᵉ édit. . . . .   7 fr.
    IV. *Présidence de Sadi-Carnot*. 1 vol. in-8. . . . .   7 fr.
HISTOIRE DES RAPPORTS DE L'ÉGLISE ET DE L'ÉTAT EN FRANCE (1789-1870), par *A. Debidour*. 1 vol. in-8 (*Couronné par l'Institut*).. .   12 fr.
L'ÉGLISE CATHOLIQUE ET L'ÉTAT EN FRANCE (1870-1906), par *le même*. Tome 1, 1870-1889, 1 vol. in-8.. . . . .   7 fr.
L'ÉTAT ET LES ÉGLISES EN FRANCE, Des origines à la loi de séparation, par *J.-L. de Lanessan*, 1 vol. in-16. . . . .   3 fr. 50
LA SOCIÉTÉ FRANÇAISE SOUS LA TROISIÈME RÉPUBLIQUE, par *Marius-Ary Leblond*. 1 vol. in-8. . . . .   5 fr.
HISTOIRE DE LA LIBERTÉ DE CONSCIENCE EN FRANCE (1595-1870), par *G. Bonet-Maury*. 1 vol. in-8. . . . .   5 fr.
LES CIVILISATIONS TUNISIENNES (Musulmans, Israélites, Européens), par *Paul Lapie*. 1 vol. in-16. . . . .   3 fr. 50

LA FRANCE POLITIQUE ET SOCIALE, par *Aug. Laugel*. 1 vol. in-8. 5 fr.
LES COLONIES FRANÇAISES, par *P. Gaffarel*. 1 vol. in-8. 6ᵉ éd. . . 5 fr.
LA FRANCE HORS DE FRANCE. *Notre émigration, sa nécessité, ses condi-
    tions*, par *J.-B. Piolet*. 1 vol. in-8 . . . . 10 fr.
L'INDO-CHINE FRANÇAISE, étude économique, politique et administrative
    sur *la Cochinchine, le Cambodge, l'Annam* et *le Tonkin* (Médaille Du-
    pleix de la Société de Géographie commerciale), par *J.-L. de Lanessan*.
    1 vol. in-8, avec 5 cartes en couleurs. . . . . 15 fr.
L'ALGÉRIE, par *M. Wahl*. 1 vol. in-8. 4ᵉ édition, revue par *A. Bernard*.
    (Ouvrage couronné par l'Institut). . . . . 5 fr.

ANGLETERRE

HISTOIRE CONTEMPORAINE DE L'ANGLETERRE, depuis la mort de la reine
    Anne jusqu'à nos jours, par *H. Reynald*. 1 vol. in-16. 2ᵉ éd. . 3 fr. 50
LORD PALMERSTON ET LORD RUSSELL, par *Aug. Laugel*. 1 vol. in-16. 3 fr.50
LE SOCIALISME EN ANGLETERRE, par *Albert Métin*. 1 vol. in-16. 3 fr. 50
HISTOIRE GOUVERNEMENTALE DE L'ANGLETERRE (1770-1830), par *Cornewal
    Lewis*. 1 vol. in-8 . . . . 7 fr.

ALLEMAGNE

LE GRAND-DUCHÉ DE BERG (1806-1813), par *Ch. Schmidt*. 1 vol. in-8., 10 fr.
HISTOIRE DE LA PRUSSE, depuis la mort de Frédéric II jusqu'à la ba-
    taille de Sadowa, par *Eug. Véron*. 1 vol. in-18. 6ᵉ éd., revue par *Paul
    Bondois*. . . . . 3 fr. 50
HISTOIRE DE L'ALLEMAGNE, depuis la bataille de Sadowa jusqu'à nos jours,
    par *Eug. Véron*. 1 vol. in-18. 3ᵉ éd., continuée jusqu'en 1892, par
    Paul Bondois. . . . . 3 fr. 50
LE SOCIALISME ALLEMAND ET LE NIHILISME RUSSE, par *J. Bourdeau*. 1 vol.
    in-16. 2ᵉ édition. . . . . 3 fr. 50
LES ORIGINES DU SOCIALISME D'ÉTAT EN ALLEMAGNE, par *Ch. Andler*. 1 vol.
    in-8. . . . . 7 fr.
L'ALLEMAGNE NOUVELLE ET SES HISTORIENS (*Niebuhr, Ranke, Mommsen,
    Sybel, Treitschke*), par *A. Guilland*. 1 vol. in-8 . . . . 5 fr.
LA DÉMOCRATIE SOCIALISTE ALLEMANDE, par *Edg. Milhaud*. 1 vol.
    in-8 . . . . 10 fr.
LA PRUSSE ET LA RÉVOLUTION DE 1848, par *P. Matter*. 1 vol.
    in-16 . . . . 3 fr. 50
BISMARCK ET SON TEMPS, par *le même*. I. *La préparation* (1815-1862),
    1 vol. in-8, 10 fr. — II. *L'action* (1863-1870), 1 vol. in-8 . . . . 10 fr.

AUTRICHE-HONGRIE

LES TCHÈQUES ET LA BOHÈME CONTEMPORAINE, par *J. Bourlier*. 1 vol.
    in-16. . . . . 3 fr. 50
LES RACES ET LES NATIONALITÉS EN AUTRICHE-HONGRIE, par *B. Auerbach*,
    1 vol. in-8 . . . . 5 fr.
LE PAYS MAGYAR, par *R. Recouly*. 1 vol. in-16. . . . . 3 fr. 50

ESPAGNE

HISTOIRE DE L'ESPAGNE, depuis la mort de Charles III jusqu'à nos jours,
    par *H. Reynald*. 1 vol. in-16 . . . . 3 fr. 50

SUISSE

HISTOIRE DU PEUPLE SUISSE, par *Daendliker*; précédée d'une Introduction
    par *Jules Favre*. 1 vol. in-8. . . . . 5 fr.

AMÉRIQUE

HISTOIRE DE L'AMÉRIQUE DU SUD, par *Alf. Deberle*. 1 vol. in-16. 3ᵉ éd., revue
    par *A. Milhaud*. . . . . 3 fr. 50

ITALIE

HISTOIRE DE L'UNITÉ ITALIENNE (1814-1871), par *Bolton King*. Traduit
    de l'anglais par *Macquart*; introduction de *Yves Guyot*. 2 vol. in-8. 15 fr.
HISTOIRE DE L'ITALIE, depuis 1815 jusqu'à la mort de Victor-Emmanuel,
    par *E. Sorin*. 1 vol. in-16 . . . . 3 fr. 50

BONAPARTE ET LES RÉPUBLIQUES ITALIENNES (1796-1799), par *P. Gaffarel.*
1 vol. in-8 . . . . 5 fr.
NAPOLÉON EN ITALIE (1800-1812), par *J.-E. Driault.* 1 vol. in-8., 10 fr.

ROUMANIE
HISTOIRE DE LA ROUMANIE CONTEMPORAINE (1822-1900), par *Fr. Damé.*
1 vol. in-8 . . . . 7 fr.

GRÈCE et TURQUIE
LA TURQUIE ET L'HELLÉNISME CONTEMPORAIN, par *V. Bérard.* 1 vol. in-16.
4e éd. (*Ouvrage couronné par l'Académie française*) . . . . 3 fr. 50
BONAPARTE ET LES ILES IONIENNES (1797-1816), par *E. Rodocanachi.*
1 vol. in-8 . . . . 5 fr.

INDE
L'INDE CONTEMPORAINE ET LE MOUVEMENT NATIONAL, par *E. Pirion.* 1 vol.
in-16 . . . . 3 fr. 50

CHINE
HISTOIRE DES RELATIONS DE LA CHINE AVEC LES PUISSANCES OCCIDENTALES
(1861-1902), par *H. Cordier.* 3 vol. in-8, avec cartes. . . . . 30 fr.
L'EXPÉDITION DE CHINE DE 1857-58, par *le même.* 1 vol. in-8. . . 7 fr.
L'EXPÉDITION DE CHINE DE 1860, par *le même.* 1 vol. in-8. . . . 7 fr.
EN CHINE. *Mœurs et institutions. Hommes et faits,* par *Maurice Courant.*
1 vol. in-16 . . . . 3 fr. 50
LE DRAME CHINOIS (JUILLET-AOUT 1900), par *Marcel Monnier.* 1 vol.
in-16 . . . . 2 fr. 50

ÉGYPTE
LA TRANSFORMATION DE L'ÉGYPTE, par *Alb. Métin.* 1 vol. in-16. 3 fr. 50

Paul Louis. L'OUVRIER DEVANT L'ÉTAT. 1 vol. in-8 . . . . . . 7 fr.
E. Driault. LES PROBLÈMES POLITIQUES ET SOCIAUX A LA FIN DU
XIXe SIÈCLE. 1 vol. in-8 . . . . 7 fr.
Louis Blanc. DISCOURS POLITIQUES (1848-1881). 1 vol. in-8. 7 fr. 50
Jules Barni. LES MORALISTES FRANÇAIS AU XVIIIe SIÈCLE. 1 vol.
in-16 . . . . 3 fr. 50
Deschanel (E.). LE PEUPLE ET LA BOURGEOISIE. 1 vol. in-8. 2e éd. 5 fr.
E. de Laveleye. LE SOCIALISME CONTEMPORAIN. 1 volume in-16.
11e édition, augmentée. 3 fr. 50
E. Despois. LE VANDALISME RÉVOLUTIONNAIRE. 1 vol. in-16. 4e éd. 3 fr. 50
Du Casse. LES ROIS FRÈRES DE NAPOLÉON Ier. 1 vol. in-8. . 10 fr.
Eug. Spuller. FIGURES DISPARUES, portraits contemporains, littéraires
et politiques. 3 vol. in-16, chaque volume. . . . . 3 fr. 50
J. Reinach. LA FRANCE ET L'ITALIE DEVANT L'HISTOIRE. 1 vol. in-8. 5 fr.
Eug. Spuller. L'ÉDUCATION DE LA DÉMOCRATIE. 1 vol. in-16. 3 fr. 50
Eug. Spuller. L'ÉVOLUTION POLITIQUE ET SOCIALE DE L'ÉGLISE. 1 vol.
in-16 . . . . 3 fr. 50
G. Schefer. BERNADOTTE ROI (1810-1818-1844). 1 vol. in-8. . 5 fr.
Hector Depasse. TRANSFORMATIONS SOCIALES. 1 vol. in-16. 3 fr. 50
Hector Depasse. DU TRAVAIL ET DE SES CONDITIONS. 1 vol.
in-16 . . . . 3 fr. 50
Eug. d'Eichthal. SOUVERAINETÉ DU PEUPLE ET GOUVERNEMENT. 1 vol.
in-16 . . . . 3 fr. 50
G. Isambert. LA VIE A PARIS PENDANT UNE ANNÉE DE LA RÉVOLUTION
(1791-1792). 1 vol. in-16. . . . . 3 fr. 50
Novicow. LA POLITIQUE INTERNATIONALE. 1 vol. in-8 . . . . . 7 fr.
G. Weill. L'ÉCOLE SAINT-SIMONIENNE. 1 vol. in-16 . . 3 fr. 50
A. Lichtenberger. LE SOCIALISME UTOPIQUE. 1 vol. in-16. 3 fr. 50
   — LE SOCIALISME ET LA RÉVOLUTION FRANÇAISE. 1 v. in-8. 5 fr.
Paul Matter. LA DISSOLUTION DES ASSEMBLÉES PARLEMENTAIRES.
1 vol. in-8. . . . . 5 fr.
J. Bourdeau. L'ÉVOLUTION DU SOCIALISME. 1 vol. in-16. . . 3 fr. 50

BIBLIOTHÈQUE UTILE

Élégants volumes in-32, de 192 pages chacun.

Chaque volume broché, 60 cent.; cartonné, 1 franc, Franco par poste.

---

1. **Morand.** Introduction à l'étude des sciences physiques. 6ᵉ éd.
2. **Cruvellhier.** Hygiène générale. 9ᵉ édit.
3. **Corbon.** De l'enseignement professionnel. 4ᵉ édit.
4. **L. Pichat.** L'art et les artistes en France. 5ᵉ édit.
5. **Buchez.** Les Mérovingiens. 6ᵉ éd.
6. **Buchez.** Les Carlovingiens. 2ᵉ éd.
7. (*Épuisé.*)
8. **Bastide.** Luttes religieuses des premiers siècles. 5ᵉ édit.
9. **Bastide.** Les guerres de la Réforme. 5ᵉ édit.
10. (*Épuisé.*)
11. **Brothier.** Histoire de la terre. 9ᵉ éd.
12. **Bouant.** Les principaux faits de la chimie (avec fig.).
13. **Turck.** Médecine populaire. 6ᵉ édit.
14. **Morin.** La loi civile en France. 5ᵉ édit.
15. **Paul Louis.** Les lois ouvrières.
16. **Ott.** L'Inde et la Chine.
17. **Catalan.** Notions d'astronomie. 6ᵉ édit.
18. (*Épuisé.*)
19. **V. Meunier.** Philosophie zoologique. 3ᵉ édit.
20. **J. Jourdan.** La justice criminelle en France. 4ᵉ édit.
21. **Ch. Rolland.** Histoire de la maison d'Autriche. 4ᵉ édit.
22. **Eug. Despois.** Révolution d'Angleterre. 4ᵉ édit.
23. **B. Gastineau.** Les génies de la science et de l'industrie. 2ᵉ éd.
24. **Leneveux.** Le budget du foyer.
25. **L. Combes.** La Grèce ancienne. 4ᵉ édit.
26. **F. Lock.** Histoire de la Restauration. 5ᵉ édit.
27. (*Épuisé.*)
28. (*Épuisé.*)
29. **L. Collas.** Histoire de l'empire ottoman. 3ᵉ édit.
30. **F. Zurcher.** Les phénomènes de l'atmosphère. 7ᵉ édit.
31. **E. Raymond.** L'Espagne et le Portugal. 3ᵉ édit.
32. **Eugène Noël.** Voltaire et Rousseau. 4ᵉ édit.
33. **A. Ott.** L'Asie occidentale et l'Égypte. 3ᵉ édit.
34. (*Épuisé.*)
35. **Enfantin.** La vie éternelle. 6ᵉ éd.
36. **Brothier.** Causeries sur la mécanique. 5ᵉ édit.
37. **Alfred Doneaud.** Histoire de la marine française. 4ᵉ édit.
38. **F. Lock.** Jeanne d'Arc. 3ᵉ édit.
39-40. **Carnot.** Révolution française, 2 vol. 7ᵉ édit.
41. **Zurcher et Margollé.** Téléscope et microscope. 2ᵉ édit.
42. **Blerzy.** Torrents, fleuves et canaux de la France. 3ᵉ édit.
43. **Secchi, Wolf, Briot et Delaunay.** Le soleil et les étoiles. 5ᵉ édit.
44. **Stanley Jevons.** L'économie politique. 9ᵉ édit.
45. **Ferrière.** Le darwinisme. 8ᵉ éd.
46. **Leneveux.** Paris municipal. 2ᵉ éd.
47. **Boillot.** Les entretiens de Fontenelle sur la pluralité des mondes.
48. **Zevort (Edg.).** Histoire de Louis-Philippe. 4ᵉ édit.
49. (*Épuisé.*)
50. **Zaborowski.** L'origine du langage. 5ᵉ édit.
51. **H. Blerzy.** Les colonies anglaises.
52. **Albert Lévy.** Histoire de l'air (avec fig.). 4ᵉ édit.
53. **Geikie.** La géologie (avec fig.). 4ᵉ édit.
54. **Zaborowski.** Les migrations des animaux. 3ᵉ édit.
55. **F. Paulhan.** La physiologie de l'esprit. 5ᵉ édit. refondue.
56. **Zurcher et Margollé.** Les phénomènes célestes. 3ᵉ édit.
57. **Girard de Rialle.** Les peuples de l'Afrique et de l'Amérique. 2ᵉ éd.
58. **Jacques Bertillon.** La statistique humaine de la France.
59. **Paul Gaffarel.** La défense nationale en 1792. 2ᵉ édit.
60. **Herbert Spencer.** De l'éducation. 11ᵉ édit.

61. Jules Barni. Napoléon Ier. 3e édit.
62. (Epuisé.)
63. P. Bondois. L'Europe contemporaine (1789-1879). 2e édit.
64. Grove. Continents et océans. 3e éd.
65. Jouan. Les îles du Pacifique.
66. Robinet. La philosophie positive. 6e édit.
67. Renard. L'homme est-il libre? 5e édit.
68. Zaborowski. Les grands singes.
69. Hatin. Le Journal.
70. Girard de Rialle. Les peuples de l'Asie et de l'Europe.
71. Doneaud. Histoire contemporaine de la Prusse. 2e édit.
72. Dufour. Petit dictionnaire des falsifications. 4e édit.
73. Henneguy. Histoire de l'Italie depuis 1815.
74. Leneveux. Le travail manuel en France. 2e édit.
75. Jouan. La chasse et la pêche des animaux marins.
76. Regnard. Histoire contemporaine de l'Angleterre.
77. Bouant. Hist. de l'eau (avec fig.).
78. Jourdy. Le patriotisme à l'école.
79. Mongredien. Le libre-échange en Angleterre.
80. Creighton. Histoire romaine (avec fig.).
81-82. P. Bondois. Mœurs et institutions de la France. 2 vol. 2e éd.
83. Zaborowski. Les mondes disparus (avec fig.). 3e édit.
84. Debidour. Histoire des rapports de l'Eglise et de l'Etat en France (1789-1871). Abrégé par Dubois et Sarthou.
85. H. Beauregard. Zoologie générale (avec fig.).
86. Wilkins. L'antiquité romaine (avec fig.). 2e édit.
87. Maigne. Les mines de la France et de ses colonies.
88. (Epuisé.)
89. E. Amigues. A travers le ciel.
90. H. Gossin. La machine à vapeur (avec fig.).
91. Gaffarel. Les frontières françaises. 2e édit.
92. Dallet. La navigation aérienne (avec fig.).
93. Collier. Premiers principes des beaux-arts (avec fig.).
94. A. Larbalétrier. L'agriculture française (avec fig.).
95. Gossin. La photographie (fig.).
96. F. Genevoix. Les matières premières.
97. Faque. L'Indo-Chine française.
98. Monin. Les maladies épidémiques (avec fig.).
99. Petit. Economie rurale et agricole.
100. Mahaffy. L'antiquité grecque (avec fig.).
101. Bère. Hist. de l'armée française.
102. F. Genevoix. Les procédés industriels.
103. Quesnel. Histoire de la conquête de l'Algérie.
104. A. Coste. Richesse et bonheur.
105. Joyeux. L'Afrique française (avec fig.).
106. G. Meyer. Les chemins de fer (avec fig.).
107. Ad. Coste. Alcoolisme ou épargne. 4e édit.
108. Ch. de Larivière. Les origines de la guerre de 1870.
109. Gérardin. Botanique générale (avec fig.).
110. D. Bellet. Les grands ports maritimes de commerce (avec fig.).
111. H. Coupin. La vie dans les mers (avec fig.).
112. A. Larbalétrier. Les plantes d'appartement (avec fig.).
113. A. Milhaud. Madagascar. 2e éd.
114. Sérieux et Mathieu. L'Alcool et l'alcoolisme. 2e édit.
115. Dr J. Laumonier. L'hygiène de la cuisine.
116. Adrien Berget. La viticulture nouvelle. 3e éd.
117. A. Acloque. Les insectes nuisibles (avec fig.).
118. G. Meunier. Histoire de la littérature française. 2e éd.
119. P. Merklen. La Tuberculose; son traitement hygiénique.
120. G. Meunier. Histoire de l'art (avec fig.).
121. Larrivé. L'assistance publique.
122. Adrien Berget. La pratique des vins.
123. A. Berget. Les vins de France. (Guide du consommateur.)
124. Vaillant. Petite chimie de l'agriculteur.
125. S. Zaborowski. L'homme préhistorique. 7e édit.

BIBLIOTHÈQUE
DE PHILOSOPHIE CONTEMPORAINE

VOLUMES IN-16.

Br., 2 fr. 50; cart. à l'angl., 3 fr.; reliés, 4 fr.

Alaux.
Philosophie de Victor Cousin.
R. Allier.
Philosophie d'Ernest Renan. 3e éd.
L. Arréat.
La morale dans le drame. 2e édit.
Mémoire et imagination.
Les croyances de demain.
Dix ans de philosophie (1890-1900).
Le sentiment religieux en France
G. Ballet.
Langage intérieur et aphasie. 2e éd.
A. Bayet.
La morale scientifique.
Bergson.
Le rire. 4e édit.
Ernest Bersot.
Libre philosophie.
Binet.
Psychologie du raisonnement. 3e éd.
Hervé Blondel.
Les approximations de la vérité.
C. Bos.
Psychologie de la croyance. 2e éd.
M. Boucher.
Essai sur l'hyperespace 2e éd.
C. Bouglé.
Les sciences sociales en Allemagne.
J. Bourdeau.
Les maîtres de la pensée contemporains. 4e éd.
Socialistes et sociologues.
E. Boutroux.
Conting. des lois de la nature. 5e éd.
Brunschvicg.
Introduction à la vie de l'esprit. 2e éd.
Carus.
La conscience du moi.
Coste.
Dieu et l'âme. 2e édit.
A. Cresson.
Le malaise de la pensée philosophique.
La morale de Kant. 2e éd.
G. Danville.
Psychologie de l'amour. 3e édit.

L. Dauriac.
La psychol. dans l'Opéra français.
Delbœuf.
Matière brute et matière vivante.
L. Dugas.
Psittacisme et pensée symbolique.
La timidité. 3e édit.
Psychologie du rire.
L'absolu.
Dunan.
Théorie psychologique de l'espace.
Duprat.
Les causes sociales de la folie.
Le mensonge.
Durand (DE GROS).
Philosophie morale et sociale
E. Durkheim.
Les règles de la méthode sociologique. 3e édit.
E. d'Eichthal.
Correspondance inédite de J. Stuart Mill avec G. d'Eichthal.
Les probl. sociaux et le socialisme.
Encausse (PAPUS).
L'occultisme et le spiritualisme. 2e édit.
A. Espinas.
La philosophie expérimentale en Italie.
E. Faivre.
De la variabilité des espèces.
Ch. Féré.
Sensation et mouvement. 2e édit.
Dégénérescence et criminalité. 3e éd.
E. Ferri.
Les criminels dans l'art et la littérature. 2e édit.
Fierens-Gevaert.
Essai sur l'art contemporain. 2e éd.
La tristesse contemporaine. 4e éd.
Psychologie d'une ville. Essai sur Bruges. 2e édit.
Nouveaux essais sur l'art contemp.
M. de Fleury.
L'âme du criminel.
Fonsegrive.
La causalité efficiente.

A. Fouillée.
La propriété sociale et la démocratie. Nouv. éd.

E. Fournière.
Essai sur l'individualisme.

Ad. Franck.
Philosophie du droit pénal. 5ᵉ édit.
Des rapports de la religion et de l'État. 2ᵉ édit.
La philosophie mystique en France au xviiiᵉ siècle.

Gauckler.
Le beau et son histoire.

E. Goblot.
Justice et liberté.

J. Grasset.
Les limites de la biologie. 3ᵉ édit.

G. de Greef.
Les lois sociologiques. 3ᵉ édit.

Guyau.
La genèse de l'idée de temps. 2ᵉ éd.

E. de Hartmann.
La religion de l'avenir. 5ᵉ édition.
Le Darwinisme. 7ᵉ édition.

R. C. Herckenrath.
Probl. d'esthétique et de morale.

Marie Jaëll.
L'intelligence et le rythme dans les mouvements artistiques.

W. James.
La théorie de l'émotion. 2ᵉ édit.

Paul Janet.
La philosophie de Lamennais.

J. Lachelier.
Du fondement de l'induction. 4ᵉ éd.

Mᵐᵉ Lampérière.
Le rôle social de la femme.

A. Landry.
La responsabilité pénale.

J.-L. de Lanessan.
Morale des philosophes chinois.

Lange.
Les émotions. 2ᵉ édit.

Lapie.
La justice par l'État.

Gustave Le Bon.
Lois psychologiques de l'évolution des peuples. 7ᵉ éd.
Psychologie des foules. 11ᵉ éd.

Lechalas.
Étude sur l'espace et le temps.

F. Le Dantec.
Le déterminisme biologique. 2ᵉ éd.
L'individualité et l'erreur individualiste.
Lamarckiens et darwiniens. 2ᵉ éd.

G. Lefèvre.
Obligation morale et idéalisme.

Liard.
Les logiciens anglais contemporains. 4ᵉ édition.
Définitions géométriques. 3ᵉ édit.

H. Lichtenberger.
La philosophie de Nietzsche. 9ᵉ éd.
Aphorismes et fragments choisis de Nietzsche. 2ᵉ édit.

Lombroso.
L'anthropologie criminelle. 5ᵉ éd.
Nouvelles recherches de psychiatrie et d'anthropologie criminelle.
Les applications de l'anthropologie criminelle.

John Lubbock.
Le bonheur de vivre. 2 vol. 8ᵉ éd.
L'emploi de la vie. 5ᵉ édit.

G. Lyon.
La philosophie de Hobbes.

E. Marguery.
L'œuvre d'art et l'évolution.

Mariano.
La Philosophie contemp. en Italie.

Marion.
J. Locke, sa vie, son œuvre. 2ᵉ édit.

Maus.
La justice pénale.

Mauxion.
L'éducation par l'instruction. 2ᵉ éd.
Nature et éléments de la moralité.

G. Milhaud.
Essai sur les conditions et les limites de la certitude logique. 2ᵉ édit.
Le rationnel.

Mosso.
La peur. 3ᵉ éd.
La fatigue intellect. et phys. 4ᵉ éd.

E. Murisier.
Les maladies du sentiment religieux. 2ᵉ édit.

A. Naville.
Nouvelle classification des sciences. 2ᵉ édit.

Max Nordau.
Paradoxes psychologiques. 5ᵉ éd.
Paradoxes sociologiques. 4ᵉ édit.
Psycho-physiologie du génie et du talent. 4ᵉ édit.

Novicow.
L'avenir de la race blanche. 2ᵉ édit.

Ossip-Lourié.
Pensées de Tolstoï. 2ᵉ édit.
Philosophie de Tolstoï. 2ᵉ édit.
La philos. soc. dans le théât. d'Ibsen.
Nouvelles pensées de Tolstoï.
Le bonheur et l'intelligence.

G. Palante.
Précis de sociologie. 3ᵉ édit.

W.-R. Paterson (Swift).
L'éternel conflit.

Paulhan.
Les phénomènes affectifs. 2e édit.
J. de Maistre, sa philosophie.
Psychologie de l'invention.
Analystes et esprits synthétiques.
La fonction de la mémoire.

J. Philippe.
L'image mentale.

F. Pillon.
La philosophie de Charles Secrétan.

Mario Pilo.
La psychologie du beau et de l'art.

Ploger.
Le monde physique.

Queyrat.
L'imagination chez l'enfant. 3e édit
L'abstraction, son rôle dans l'éducation intellectuelle.
Les caractères et l'éducation morale.
La logique chez l'enfant et sa culture. 2e éd.
Les jeux des enfants.

P. Regnaud.
Précis de logique évolutionniste.
Comment naissent les mythes

G. Renard.
Le régime socialiste. 4e édit.

A. Réville
Dogme de la divinité de Jésus-Christ. 3e éd.

Th. Ribot.
La philos. de Schopenhauer. 10e éd.
Les maladies de la mémoire. 18e éd.
Les maladies de la volonté. 21e éd.
Les maladies de la personnalité. 11e édit.
La psychologie de l'attention. 7e éd.

G. Richard.
Socialisme et science sociale. 2e éd.

Ch. Richet.
Psychologie générale. 6e éd.

De Roberty.
L'inconnaissable.
L'agnosticisme. 3e édit.
La recherche de l'Unité.
Auguste Comte et H. Spencer. 2e éd.
Le bien et le mal.

Psychisme social.
Fondements de l'éthique.
Constitution de l'éthique.
Frédéric Nietzsche.

Roisel.
De la substance.
L'idée spiritualiste. 2e édit.

Roussel-Despierres.
L'idéal esthétique.

Schopenhauer.
Le libre arbitre. 9e édition.
Le fondement de la morale. 8e édit.
Pensées et fragments. 21e édition

P. Sollier.
Les phénomènes d'autoscopie.

Herbert Spencer.
Classification des sciences 8e édit.
L'individu contre l'Etat. 6e éd.

Stuart Mill.
Auguste Comte et la philosophie positive. 6e édition.
L'Utilitarisme. 4e édition.

Sully Prudhomme et Ch. Richet.
Le probl. des causes finales. 2e éd.

Tanon.
L'évol. du droit et la conscience soc.

Tarde.
La criminalité comparée. 5e éd.
Les transformations du droit. 2e éd.
Les lois sociales. 2e édit.

Thamin.
Éducation et positivisme. 2e éd.

P.-F. Thomas.
La suggestion, son rôle dans l'éducation intellectuelle. 2e édit.
Morale et éducation.

Tissié.
Les rêves. 2e édit.

Wundt.
Hypnotisme et suggestion.

Zeller.
Christ. Baur et l'école de Tubingue.

Th. Ziegler.
La question sociale est une question morale. 3e éd.

Charles de Rémusat.
Philosophie religieuse.

Derniers volumes publiés :

Arréat.
Art et psychologie individuelle.

L. Brunschvicg.
L'idéalisme contemporain.

G. Dumas.
Le sourire.

G. Geley.
L'être subconscient. 2e édit.

A. Godfernaux
Le sentiment et la pensée. 2e éd.

Jankelevitch.
Nature et société.

J. Philippe et G. Paul-Boncour.
Les anomalies mentales chez les écoliers.

Schopenhauer.
Écrivains et style.
Sur la religion.

VOLUMES IN-8.

Brochés, à 5, 7 50 et 10 fr.; cart. angl., 1 fr. de plus par vol.; reliure, 2 fr.

Ch. Adam.
La philosophie en France (première moitlé du xixe siècle).   7 fr. 50

Agassiz.
De l'espèce et des classifications. 5 fr.

Arnold (M.).
La crise religieuse.   7 fr. 50

Arréat.
Psychologie du peintre.   5 fr.

P. Aubry.
La contag. du meurtre. 3e éd. 5 fr.

Alex. Bain.
La logique inductive et déductive. 3e édit. 2 vol.   20 fr.
Les sens et l'intell. 3e édit. 10 fr.

J.-M. Baldwin.
Le développement mental chez l'enfant et dans la race. 7 fr. 50

Barthélemy Saint-Hilaire.
La philosophie dans ses rapports avec les sciences et la relig on. 5 fr.

Barzelotti.
La philosophie de H. Taine. 7 fr. 50

Bazaillas.
La vie personnelle.

Bergson.
Essai sur les données immédiates de la conscience. 3e édit. 3 fr. 75
Matière et mémoire. 4e édit   5 fr.

A. Bertrand.
L'enseignement intégral.   5 fr.
Les études dans la démocratie 5 fr.

Em. Boirac.
L'idée du phénomène.   5 fr.

Bouglé.
Les idées égalitaires.   3 fr. 75

L. Bourdeau
Le problème de la mort. 4e éd. 5 fr.
Le problème de la vie.   7 fr. 50

Bourdon.
L'expression des emotions et des tendances dans le langage. 7 fr. 50

Em. Boutroux.
Études d histoire de la philosophie. 2e édit.   7 fr. 50

L. Bray.
Du beau.   5 fr.

Brochard.
De l'erreur. 2e éd.   5 fr.

Brunschvicg.
Spinoza. 2e édit.   3 fr. 75
La modalité du jugement   5 fr.

Ludovic Carrau.
La philosophie religieuse en Angleterre depuis Locke.   5 fr.

Ch. Chabot.
Nature et moralité.   5 fr.

Clay.
L'alternative. 2e éd.   10 fr.

Collins.
Résumé de la phil. de H. Spencer. 4e éd.   10 fr.

Aug. Comte.
La sociologie.   7 fr. 50

Cosentini.
La sociologie génétique.   3 fr. 75

A. Coste.
Principes d'une sociol. obj. 3 fr. 75
L'expérience des peuples.   10 fr.

Crépieux-Jamin.
L'écriture et le caractère. 4e éd 7.50

A. Cresson.
Morale de la raison théorique. 5 fr.

Dauriac.
Essai sur l'esprit musical.   5 fr.

Delbos.
Philos. pratique de Kant. 7 fr. 50

Devaule.
Condillac et la psychologie anglaise contemporaine.   5 fr.

Draghicesco
Rôle de l'individu dans le déterminisme social.   7 fr. 50

G. Dumas.
La tristesse et la joie.   7 fr. 50
Deux messies positivistes. St-Simon et Auguste Comte.   5 fr.

G.-L. Duprat.
L'instabilité mentale.   5 fr.

Duproix.
Kant et Fichte et le problème de l éducation. 2e édit.   5 fr.

Durand (DE GROS).
Taxinomie générale.   5 fr.
Esthétique et morale.   5 fr.
Variétés philosophiques. 2e éd 5 fr.

E. Durkheim.
De la div. du trav. soc. 2e éd 7 fr. 50
Le suicide, étude sociolog. 7 fr. 50

L'année sociologique. 7 volumes :
1re à 5e années. Chacune.   10 fr.
6e à 9e. Chacune.   12 fr. 50

V. Egger.
La parole intérieure. 2e éd.   5 fr.

A. Espinas.
La philosophie sociale au xviiie siècle et la Révolution.   7 fr. 50

G. Ferrero.
Les lois psychologiques du symbolisme.   5 fr.

Enrico Ferri.
La sociologie criminelle.   10 fr.

Louis Ferri.
La psychologie de l'association, depuis Hobbes.   7 fr. 50

J. Finot.
Le préjugé des races, 2e éd.   7 fr. 50

Flint.
La philosophie de l histoire en Allemagne.   7 fr. 50

Fonsegrive.
Le libre arbitre. 2e éd.   10 fr.

M. Foucault.
La psychophysique.   7 fr. 50

Alf. Fouillée.
Le rêve.   5 fr.
Liberté et déterminisme. 4e éd. 7fr. 50
Critique des systèmes de morale contemporains. 4e éd.   7 fr. 50
La morale, l'art et la religion, d'après Guyau. 5e éd.   3 fr. 75
L'avenir de la métaphysique fondée sur l'expérience. 2e éd.   5 fr.
L'évolutionnisme des idées-forces 4e éd.   7 fr. 50
La psychologie des idées-forces. 2 vol.   15 fr.
Tempérament et caractère. 3e édit.   7 fr. 50
Le mouvement idéaliste 2e éd.7 fr.50
Le mouvement positiviste.2e éd. 7.50
Psych du peuple français. 3e éd 7 50
La France au point de vue moral. 2e édit.   7 fr. 50
Esquisse psychologique des peuples européens. 3e édit   10 fr.
Nietzsche et l'immoralisme. 2e éd.   5fr.
Le moralisme de Kant et l'amoralisme contemporain. 2e éd. 7fr.50
Les éléments sociologiques de la morale.   7 fr. 50

E. Fournière.
Théories social. au xixe siècle. 7fr.50

G. Fulliquet.
Sur l'obligation morale.   7 fr. 50

Garofalo.
La criminologie. 5e édit.   7 fr. 50
La superstition socialiste.   5 fr.

L. Gérard-Varet.
L'ignorance et l'irréflexion.   5 fr.

E. Gley.
Études de psycho physiologie. 5 fr.

E. Goblot.
La classification des sciences.   5 fr.

G. Gory.
L'immanence de la raison dans la connaissance sensible.   5 fr.

R. de la Grasserie.
De la psychologie des religions. 5 fr.

G. de Greef.
Le transformisme social. 2e éd.7 fr.50
La sociologie économ.que.   3 fr. 75

K. Groos.
Les jeux des animaux.   7 fr. 50

Gurney, Myers et Podmore
Les hallucin. télépath. 4e éd. 7 fr. 50

Guyau.
La morale angl. cont. 5e éd. 7 fr. 50
Les problèmes de l esthétique contemporaine. 6e éd.   5 fr.
Esquisse d une morale sans obligation ni sanction. 7e éd.   5 fr.
L irréligion de l'avenir.10e éd.7 fr. 50
L'art au point de vue sociologique. 7e éd.   7 fr. 50
Hérédité et éducation. 8e éd.   5 fr.

E Halévy.
La form. du radicalisme philos.
I. La jeunesse de Bentham. 7 fr.50
II. Évol. de la doctr. utilitaire, 1789-1815.   7 fr. 50
III. Le radicalisme philos. 3 fr. 50

Hannequin.
L'hypoth. des atomes. 2e éd.   7 fr.50

P. Hartenberg.
Les timides et la timidité 2e éd. 5fr.

Hébert.
Évolut. de la foi catholique   5 fr.

G. Hirth.
Physiologie de l'art.   5 fr.

H. Hoffding.
Esquisse d une psychologie fondée sur l'expérience. 2e édit.   7 fr. 50

Isambert.
Les idées socialistes en France. (1815-1848).   7 fr. 50

Jacoby.
La sélect. chez l'homme. 2e éd. 10 fr.

Paul Janet.
Les causes finales. 4ᵉ édit. 10 fr.
OEuvres phil. de Leibniz. 2ᵉ édition.
2 vol. 20 fr.

Pierre Janet.
L'automatisme psychol. 4ᵉ éd. 7 fr. 50

J. Jaurès.
Réalité du monde sensible. 2ᵉ edit.
7 fr. 50

Karppe.
Études d'histoire de philosophie.
3 fr. 75

A. Lalande.
La dissolution opposée à l'évolution. 7 fr. 50

A. Landry.
Principes de morale rationnelle 5 fr.

De Lanessan.
La morale des religions. 10 fr.

Lang.
Mythes, cultes et religions. 10 fr.

P. Laple.
Logique de la volonté. 7 fr. 50

Lauvrière.
Edgar Poë. Sa vie. Son œuvre. 10 fr.

E. de Laveleye.
De la propriété et de ses formes
primitives. 5ᵉ édit. 10 fr.
Le gouvernement dans la démocratie. 3ᵉ ed. 2 vol. 15 fr.

Gustave Le Bon.
Psych. du socialisme 4ᵉ éd. 7 fr. 50

G. Lechalas.
Études esthétiques. 5 fr.

Lechartier.
David Hume, moraliste et socio-
logue. 5 fr.

Leclère.
Le droit d'affirmer. 5 fr.

F. Le Dantec.
L'unité dans l'être vivant. 7 fr. 50
Les limites du connaissable 2ᵉ éd.
3 fr. 75

X. Léon.
La philosophie de Fichte. 10 fr.

Leroy (E.-B.)
Le langage. 5 fr.

A. Lévy.
La philosophie de Feuerbach. 10 fr.

L. Lévy-Bruhl.
La philosophie de Jacobi. 5 fr.
Lettres inédites de J. Stuart Mill
à Auguste Comte. 10 fr.

La philos. d'Aug. Comte. 2ᵉ éd. 7 fr. 50
La morale et la science des
mœurs. 2ᵉ éd. 5 fr.

Liard.
La science positive et la métaphy-
sique. 4ᵉ édit. 7 fr. 50
Descartes. 2ᵉ édit. 5 fr.

H. Lichtenberger.
Richard Wagner, poète et penseur.
3ᵉ édit. 10 fr.
Henri Heine penseur 3 fr. 75

Lombroso.
La femme criminelle et la prostituée
(en collab. avec M. FERRERO).
1 vol. avec planches. 15 fr.
Le crime polit et les révol. (en collab. avec M. LASCHI). 2 vol. 15 fr.
L'homme criminel. 3ᵉ édit. 2 vol.,
avec atlas. 36 fr.

É. Lubac.
Esquisse d'un système de psychol.
rationnelle. 3 fr. 75

G. Lyon.
L'idéalisme en Angleterre au XVIIIᵉ
siècle. 7 fr. 50

P. Malapert.
Les éléments du caractère. 2ᵉ éd. 5 fr.

Marion.
La solidarité morale. 6ᵉ édit. 5 fr.

Fr. Martin.
La perception extérieure et la
science positive. 5 fr.

J. Maxwell.
Les phénomènes psych. 3ᵉ éd. 5 fr.

Max Muller.
Nouv. études de mythol. 12 fr. 50

Myers.
La personnalité humaine 2ᵉ éd. 7.50

E. Naville.
La logique de l'hypothèse 2ᵉ éd. 5 fr.
La définition de la philosophie. 5 fr.
Les philosophies négatives. 5 fr.
Le libre arbitre. 2ᵉ édition. 5 fr.

Max Nordau.
Dégénérescence. 2 v. 6ᵉ éd. 17 fr. 50
Les mensonges conventionnels de
notre civilisation. 9ᵉ éd. 5 fr.
Vus du dehors. 5 fr.

Novicow.
Les luttes entre sociétés humaines.
2ᵉ édit. 10 fr.
Les gaspillages des sociétés modernes. 2ᵉ édit. 5 fr.
La justice et l'extension de la vie.
7 fr. 50

H. Oldenberg.
Le Bouddha, 2e éd.   7 fr. 50
La religion du Véda.   10 fr.

Ossip-Lourié.
La philosophie russe contemp. 5 fr.
Psychol. des romanciers russes au
    XIXe siècle.   7 fr. 50

Ouvré.
Form. littér. de la pensée grecq. 10 fr.

G. Palante.
Combat pour l'individu.   3 fr. 75

Fr. Paulhan.
L'activité mentale et les éléments
    de l'esprit.   10 fr.
Les caractères. 2e édition.   5 fr.
Les mensonges du caractère.   5 fr.

Payot.
L'éducation de la volonté. 21e éd 5 fr.
La croyance. 2e éd.   5 fr.

Jean Pérès.
L'art et le réel.   3 fr. 75

Bernard Perez.
Les trois premières années de l'en-
    fant 5e édit.   5 fr.
L'éd. mor. dès le berceau. 4e éd. 5 fr.
L'éd. intell. dès le berceau 2e éd. 5 fr.

C. Piat.
La personne humaine.   7 fr. 50
Destinée de l'homme.   5 fr.

Picavet.
Les idéologues.   10 fr.

Piderit.
La mimique et la physiognomonie,
    avec 95 fig.   5 fr.

Pillon.
L'année philosophique. 15 vol,
    chacun.   6 fr

J. Ploger.
La vie et la pensée.   5 fr.
La vie sociale, la morale et le
    progrès.   5 fr.

Preyer.
Éléments de physiologie.   5 fr.

L. Proal.
Le crime et la peine 3e éd.   10 fr.
La criminalité politique.   5 fr.
Le crime et le suicide passionnel.
    10 fr.

F. Rauh.
De la méthode dans la psycholo-
    gie des sentiments.   5 fr.
L'expérience morale.   3 fr. 75

Récéjac.
La connaissance mystique.   5 fr.

Renard.
La méthode scientifique de l'his-
    toire littéraire.   10 fr.

Renouvier.
Les dilem. de la métaph. pure. 5 fr.
Hist. et solut. des problèmes mé-
    taphysiques   7 fr. 50
Le personnalisme.   10 fr.

Th. Ribot.
L'hérédité psycholog. 5e éd. 7 fr. 50
La psychologie anglaise contem-
    poraine. 3e éd   7 fr. 50
La psychologie allemande contem-
    poraine. 4e éd.   7 fr. 50
La psych. des sentim. 5e éd. 7 fr. 50
L'évol. des idées générales 2e éd. 5 fr.
L'imagination créatrice. 2e éd. 5 fr.
La logique des sentiments. 3 fr. 75

Ricardou.
De l'idéal.   5 fr.

G. Richard.
L'idée d'évolution dans la nature
    et dans l'histoire.   7 fr. 50

E. de Roberty.
Ancienne et nouvelle philos. 7 fr. 50
La philosophie du siècle.   5 fr.
Nouveau programme de sociol. 5 fr.

Romanes.
L'évol. ment. chez l'homme. 7 fr. 50

Ruyssen.
Évolut. psychol. du jugement. 5 fr.

A. Sabatier.
Philosophie de l'effort.   7 fr. 50

Émile Saigey.
Les sciences au XVIIIe siècle. La
    physique de Voltaire.   5 fr.

G. Saint-Paul.
Le langage intérieur et les para-
    phasies.   5 fr.

E. Sanz y Escartin.
L'individu et la réforme sociale.
    7 fr. 50

Schopenhauer.
Aphorisme sur la sagesse dans la
    vie. 7e éd.   5 fr.
Le monde comme volonté et repré-
    sentation. 3e éd 3 vol. 22 fr. 50

Séailles.
Ess. sur le génie dans l'art. 2e éd 5 fr.
Philosoph. de Renouvier.   7 fr. 50

Sighele.
La foule criminelle. 2e édit.   5 fr.

Sollier.

Psychologie de l'idiot et de l'imbécile. 2e éd.   5 fr.
Le problème de la mémoire. 3 fr. 75
Le mécanisme des émotions.   5 fr.

Sourlau.

L'esthétique du mouvement.   5 fr.
La suggestion dans l'art.   5 fr.
La beauté rationnelle   10 fr.

Spencer (Herbert).

Les premiers principes. 9e éd. 10 fr.
Principes de psychologie 2 vol. 20 fr.
Princip. de biologie. 5e éd. 2 v. 20 fr.
Princip. de sociol 5 vol.   43 fr. 75
  I *Données de la sociologie*, 10 fr —
  II *Inductions de la sociologie
  Relations domestiques*, 7 fr 50 —
  III *Institutions cérémonielles et
  politiques*, 15 fr. — IV. *Institu-
  tions ecclésiastiques*, 3 fr 75
  — V. *Institutions profession-
  nelles*, 7 fr 50.
Justice.   7 fr. 50
Le rôle moral de la bienfaisance
                    7 fr. 50
La morale des différents peuples.
                    7 fr. 50
Essais sur le progrès. 5e éd. 7 fr. 50
Essais de politique. 4e éd. 7 fr. 50
Essais scientifiques 3e éd. 7 fr. 50
De l'éducation physique, intellec-
  tuelle et morale. 11e édit.   5 fr.

Stein.

La question sociale au point de
  vue philosophique.   10 fr.

Stuart Mill.

Mes mémoires. 3e éd.   5 fr.
Système de logique déductive et
  inductive. 4e édit. 2 vol.   20 fr.
Essais sur la religion. 4e édit. 5 fr.

James Sully.

Le pessimisme. 2e éd.   7 fr. 50
Etudes sur l'enfance.   10 fr.
Essai sur le rire.   7 fr. 50

Sully Prudhomme.

La vraie religion selon Pascal. 7 fr. 50

G. Tarde.

La logique sociale. 2e édit. 7 fr. 50
Les lois de l'imitation. 4e éd. 7 fr. 50
L'opposition universelle.   7 fr. 50
L'opinion et la foule 2e édit.   5 fr
Psychologie économique. 2 vol. 15 fr.

Em. Tardieu.

L'ennui.   5 fr.

P.-Félix Thomas.

L'éduc. des sentiments. 2e éd. 5 fr.
Pierre Leroux. Sa philosophie. 5 fr.

Thouverez.

Réalisme métaphysique.   5 fr.

Et. Vacherot.

Essais de philosophie critique. 7 fr 50
La religion.   7 fr. 50

L. Weber.

Vers le positivisme absolu par
  l'idéalisme.   7 fr. 50

Derniers volumes publiés :

J. Bardoux.

Psychol. de l'Angleterre contemp.
                    7 fr. 50

A. Binet.

Les révélations de l'écriture. 5 fr.

J. Finot

Philosophie de la longévité. 11e éd
                    5 fr.

H. Hoffding.

Hist. de la philos moderne 2 v. 20 fr.

P. Lacombe.

Individus et sociétés selon Taine.
                    7 fr. 50

G. Luquet.

Idées générales de psychol   5 fr.

J.-P. Nayrac.

L'attention.   3 fr. 75

L. Prat.

Le caractère empirique et la personne.   7 fr. 50

G. Rageot.

Le succès.   3 fr. 75

Ch. Renouvier.

Doctrine de Kant.   7 fr. 50

H. Riemann.

Elém. de l'esthétiq musicale 3 fr.

E. Rignano

Transmissibilité des caractères
  acquis.   5 fr.

Rivaud.

Essence et existence chez Spinoza.
                    7 fr. 50

P. Stapfer.

Questions esthétiques et religieuses.
                    3 fr 75

ÉCONOMIE POLITIQUE — SCIENCE FINANCIÈRE

JOURNAL DES ÉCONOMISTES

REVUE MENSUELLE DE LA SCIENCE ÉCONOMIQUE ET DE LA STATISTIQUE

Fondé en 1841, par G. GUILLAUMIN

Paraît le 15 de chaque mois

par fascicules grand in-8 de 10 à 12 feuilles (180 à 192 pages).

RÉDACTEUR EN CHEF : M. G. DE MOLINARI

Correspondant de l'Institut.

CONDITIONS DE L'ABONNEMENT :

France et Algérie : UN AN......... **36 fr.**; SIX MOIS........ **19 fr.**

Union postale : UN AN........... **38 fr.**; SIX MOIS....... **20 fr.**

LE NUMÉRO............... **3 fr. 50**

Les abonnements partent de Janvier ou de Juillet.

NOUVEAU DICTIONNAIRE
D'ÉCONOMIE POLITIQUE

PUBLIÉ SOUS LA DIRECTION DE

M. LÉON SAY et de M. JOSEPH CHAILLEY-BERT

Deuxième édition.

2 vol. grand in-8 raisin et un Supplément : prix, brochés...... **60 fr.**

—   —   demi-reliure veau ou chagrin.......... **69 fr.**

COMPLÉTÉ PAR 3 TABLES : Tables des auteurs, table méthodique et table analytique.

Cet important ouvrage peut s'acquérir en euvoyant un mandat-poste de 20 fr., au reçu duquel est faite l'expédition du livre, et en payant le reste, soit 40 fr., en quatre traites de 10 fr. chacune, de deux mois en deux mois.

DICTIONNAIRE DU COMMERCE
DE L'INDUSTRIE ET DE LA BANQUE

DIRECTEURS :

MM. Yves GUYOT et Arthur RAFFALOVICH

2 volumes grand in-8. Prix, brochés........................... **50 fr.**

—   —   reliés............................... **58 fr.**

Cet important ouvrage peut s'acquérir en envoyant un mandat-poste de 10 fr., au reçu duquel est faite l'expédition du livre, et en payant le reste, soit 40 fr., en quatre traites de 10 fr. chacune, de deux mois en deux mois.

COLLECTION DES PRINCIPAUX ÉCONOMISTES
Enrichie de commentaires, de notes explicatives et de notices historiques

ÉCONOMISTES FINANCIERS DU XVIII° SIÈCLE

Vauban, *Projet d'une dime royale.* — **Boisguillebert,** *Détail de la France, Factum de la France,* opuscules divers. — **J. Law,** *Œuvres complètes.* — **Melon,** *Essai sur le commerce.* — **Dutot,** *Réflexions politiques sur les finances et le commerce.* — 2° *édition.* 1 vol. grand in-8 . 15 fr.

MALTHUS

Essai sur le principe de population. *Introduction,* par Rossi, de l'Institut. 3° *édition.* 1 vol. grand in-8. . . . . 10 fr.

MÉLANGES (1° PARTIE)

David Hume. *Essai sur le commerce, le luxe, l'argent, les impôts, le crédit public, sur la balance du commerce, la jalousie commerciale, la population des nations anciennes.* — **V. de Forbonnais.** *Principes économiques.* — **Condillac** *Le commerce et le gouvernement.* — **Condorcet** *Lettres d'un laboureur de Picardie à M. N*** (Necker). — Réflexions sur l'esclavage des nègres. — Réflexions sur la justice criminelle. — De l'influence de la révolution d'Amérique sur l'Europe. — De l'impôt progressif.* — **Lavoisier.** *De la richesse territoriale du royaume de France.* — **Franklin.** *La science du bonhomme Richard et ses autres opuscules.* 1 vol. grand in-8. . . . . 10 fr.

MÉLANGES (2° PARTIE)

Necker. *Sur la législation et le commerce des grains.* — **L'abbé Galiani.** *Dialogues sur le commerce des blés* avec la *Réfutation* de l'abbé Morellet — **Montyon** *Quelle influence ont les diverses espèces d'impôts sur la moralité, l'activité et l'industrie des peuples?* — **Bentham.** *Défense de l'usure.* 1 vol. gr. in-8. . . . . 10 fr.

RICARDO

Œuvres complètes. Les œuvres de Ricardo se composent : 1° des **Principes de l'économie politique et de l'impôt.** — 2° Des ouvrages ci-après : *De la protection accordée à l'agriculture.* — *Plan pour l'établissement d'une banque nationale* — *Essai sur l'influence du bas prix des blés sur les profits du capital.* — *Proposition pour l'établissement d'une circulation monétaire économique et sûre.* — *Le haut prix des lingots est une preuve de la dépréciation des billet de banque.* — *Essai sur les emprunts publics,* avec des notes. 1 vol. in-8. . . . . 10 fr.

J.-B. SAY

Cours complet d'économie politique pratique. 2 vol. grand in-8. 20 fr.

J.-B. SAY

Œuvres diverses : *Catéchisme d'économie politique.* — *Lettres à Malthus et correspondance générale.* — *Olbie.* — *Petit volume.* — *Fragments et opuscules inédits.* 1 vol. grand in-8. . . . . 10 fr.

ADAM SMITH

Recherches sur la nature et les causes de la richesse des nations, traduction de G. Garnier. 5° édition, augmentée. 2 vol. in-8. . . 16 fr.

COLLECTION DES ÉCONOMISTES
ET PUBLICISTES CONTEMPORAINS

FORMAT IN-8.

BANFIELD, Professeur à l'Université de Cambridge. **Organisation de l'industrie**, traduit sur la 2e édition, et annoté par M. EMILE THOMAS. 1 vol. in-8. . . . . 6 fr.

BASTIAT. **Œuvres complètes** en 7 volumes in-8 (vélin). . . . . 35 fr.
(Voir détails page 30, édition in 18)

BAUDRILLART (H.), de l'Institut. **Philosophie de l'économie politique. Des rapports de l'économie politique et de la morale.** Deuxieme édition, revue et augmentée. 1 vol. in-8. . . . . 9 fr.

BLANQUI, de l'Institut. **Histoire de l'économie politique en Europe,** *depuis les anciens jusqu'à nos jours,* 5e édition. 1 vol. in-8. . . 8 fr.

BLOCK (Maurice), de l'Institut. **Les progrès de la science économique** depuis ADAM SMITH. Revision des doctrines économiques. 2e édition augmentée. 2 vol. in-8. 16 fr.
— **Statistique de la France, comparée avec les divers pays de l'Europe,** *couronné par l'Institut* (Prix de statistique). 2e édition refondue. 2 vol. in-8. . . . . 12 fr.

BLUNTSCHLI **Le droit international codifié.** Traduit de l'allemand par M. C. LARDY. 5e édition, revue et augmentée. 1 vol. in-8. . . . 10 fr.
— **Théorie générale de l'Etat,** traduit de l'allemand par M. DE RIEDMATTEN. 3e édition. 1 vol in-8. . . . . 9 fr.
— **Le droit public général,** traduit de l'allemand par M. DE RIEDMATTEN, 2e édition. 1 vol. in-8. . . . . 8 fr.
— **La politique,** traduit de l'allemand et précédé d'une préface de M. DE RIEDMATTEN. 2e édition. 1 vol. in-8. . . . . 8 fr.

BOISSONADE (G.), Professeur agrégé à la Faculté de droit de Paris. **Histoire de la réserve héréditaire et de son influence morale et économique** (*Couronné par l'Académie des sciences morales et politiques*). 1 vol. in-8. . . . . 10 fr.

CIBRARIO, correspondant de l'Institut. **Économie du moyen âge.** Traduit de l'italien sur la 4e édition, par M. A. BARNEAUD. 2 vol. in-8. 6 fr.

COURTOIS (A.) **Histoire des banques de France.** 2e édition. 1 vol. in-8. . . . . 8 fr. 50

DUNOYER (Ch.), de l'Institut. **De la liberté du travail.** 2e édition. 2 vol. in-8. . . . . 20 fr.
— **Notice d'économie sociale,** revues sur les manuscrits de l'auteur. 1 vol. in 8. . . . . 10 fr.

EICHTHAL (Eugène d'), de l'Institut. **La formation des richesses et ses conditions sociales actuelles,** *notes d'économie politique.* . . 7 fr. 50

FAUCHER (L.), de l'Institut. **Études sur l'Angleterre.** 2e édition augmentée. 2 forts volumes in-8. . . . . 6 fr.
— **Mélanges d'économie politique et de finances.** 2 forts vol. in-8. 6 fr.

FIX (Th.) **Observations sur l'état des classes ouvrières.** Nouvelle édition. 1 vol. in-8. . . . . 5 fr.

GARNIER (J.), de l'Institut. **Du principe de population** 2e édition. 1 vol. in-8 avec portrait . . . . 10 fr.

GROTIUS. **Le droit de la guerre et de la paix.** Nouvelle traduction. 3 vol. in-8. . . . . 12 fr. 50

HAUTEFEUILLE. **Des droits et des devoirs des nations neutres en temps de guerre maritime.** 3e édit. refondue. 3 forts vol. in-8. 22 fr. 50

— **Histoire des origines, des progrès et des variations du droit maritime international.** 2e édition. 1 vol. in-8. . . . . 7 fr. 50

KLUBER (J.-H.). **Droit des gens moderne de l'Europe.** 2e édition, revue. 1 vol. in-8. . . . . 4 fr.

LAFERRIÈRE (F.), de l'Institut. **Essai sur l'histoire du droit français depuis les temps anciens jusqu'à nos jours, y compris le Droit public et privé de la Révolution française.** Nouvelle édit. 2 vol. in-8. 11 fr.

LAVERGNE (L. de), de l'Institut. **Les économistes français du dix-huitième siècle** 1 vol. in-8. . . . . 7 fr. 50

— **Essai sur l'économie rurale de l'Angleterre, de l'Écosse et de l'Irlande.** 5e édition. 1 vol. in-8 avec portrait. . . . . 8 fr. 50

LEROY-BEAULIEU (P.), de l'Institut. **Traité théorique et pratique d'économie politique.** 3e édition. 4 vol. in-8. . . . . 36 fr.

— **Traité de la science des finances.** 7e édition, revue, corrigée et augmentée. 2 forts vol. in-8. . . . . 25 fr.

— **Essai sur la répartition des richesses et sur la tendance à une moindre inégalité des conditions.** 3e édit., revue et corrigée. 1 vol. in-8. 9 fr.

— **Le collectivisme,** *examen critique du nouveau socialisme.* 4e édition, revue et augmentée d'une préface. 1 vol. in-8. . . . . 9 fr.

MAC CULLOCH, correspondant de l'Institut. **Principes d'économie politique,** *suivis de quelques recherches relatives à leur application, et d'un tableau de l'origine et des progrès de la science,* traduit sur la 4e édition anglaise, par A. PLANCHE. 2e édition. 2 vol. in-8. . . 6 fr.

MARTENS (G.-F. de). **Précis du droit des gens moderne de l'Europe.** Nouvelle édition, revue. 2 forts vol. in-8. . . . . 7 fr.

MINGHETTI, de l'Institut. **Des rapports de l'économie publique avec la morale et le droit** Traduit par M. SAINT-GERMAIN LEDUC. 1 fort vol. in-8. . . . . 7 fr. 50

MIRABEAU. **L'ami des hommes ou traité de la population,** avec une préface et une notice biographique, par M. ROUXEL. 1 vol. in-8. 5 fr.

MORLEY (John). **La vie de Richard Cobden,** traduit par SOPHIE RAFFALOVICH. 1 vol. in-8. . . . . 8 fr.

PASSY (H.), de l'Institut. **Des formes de gouvernement et des lois qui les régissent.** 2e édition. 1 vol. in-8. . . . . 7 fr. 50

PRADIER-FODÉRÉ. **Précis de droit administratif.** 7e édition, tenue au courant de la législation. 1 fort vol. in-8. . . . . 10 fr.

ROSCHER (G.). **Traité d'économie politique rurale.** Traduit sur la dernière édition par C. VOGEL. 1 fort vol. in-8 . . . . 18 fr.

— **Recherches sur divers sujets d'économie politique.** Traduit de l'allemand. 1 vol. in-8. 8 fr.

ROSSI (P.), de l'Institut. **Cours d'économie politique,** revu et augmenté de leçons inédites. 5e édition. 4 vol. in-8 . . . . 15 fr.

— **Cours de droit constitutionnel,** *professé à la Faculté de droit de Paris,* recueilli par M. A. PORÉE. 2e édition. 4 vol. in-8. . . . . . 15 fr.

— **Traité de droit pénal** 4e édition. 2 vol. in-8. . . . . . . 7 fr. 50

STUART MILL (J). **Le gouvernement représentatif,** traduit et précédé d'une *Introduction,* par DUPONT-WHITE 2e édition. 1 vol. in-8. 5 fr.

VIGNES (Édouard). **Traité des impôts en France** 4e édition, mise au courant de la législation, par M. VERONIAUD. 2 vol. in-8. . . . . 16 fr.

YOUNG (Arthur). **Voyages en France (1787, 1788, 1789).** Traduits et annotés par M. LESAGE. 2e édition. 2 vol. in-8. . . . . 15 fr.

BIBLIOTHÈQUE DES SCIENCES MORALES ET POLITIQUES
FORMAT IN-18 JÉSUS.

BASTIAT (Frédéric). Œuvres complètes, précédées d'une *Notice* sur sa vie et ses écrits. 7 vol. in-18. . . . . 24 fr. 50
    I. *Correspondance.* — *Premiers écrits.* 3ᵉ édition, 3 fr. 50; — II. Le *Libre-Échange.* 3ᵉ édition, 3 fr. 50; — III. *Cobden et la Ligue.* 4ᵉ édition, 2 fr. 50; — IV et V. *Sophismes économiques.* — *Petits pamphlets.* 5ᵉ édit. 2 vol., 7 fr.; — VI. *Harmonies économiques.* 9ᵉ édition, 3 fr. 50; VII. *Essais.* — *Ébauches.* — *Correspondance.* . . . . 3 fr. 50
    Les tomes IV et V seuls ne se vendent pas séparés.

BAUDRILLART (H.). Études de philosophie morale et d'économie politique. 2 vol. in-18. . . . . 7 fr.

BECCARIA. Des délits et des peines. 2ᵉ édition. 1 vol. in-18. . . 3 fr. 50

BLANQUI, de l'Institut. Précis élémentaire de l'économie politique. 3ᵉ édition, suivie du *Résumé de l'histoire du commerce*, in-18. 2 fr. 50

CIESZKOWSKI (A.) Du crédit et de la circulation. 3ᵉ édit. in-18. 3 fr. 50

COQUELIN (Charles). Du crédit et des banques. 3ᵉ édition, in-18. 1 fr.

COURCELLE SENEUIL (J.-G.). Traité théorique et pratique d'économie politique. 3ᵉ édit. 2 vol. in-18. . . . . 7 fr.
— La société moderne. 1 vol. in-18. . . . . 5 fr.

FAUCHER (L.), de l'Institut. Mélanges d'économie politique et de finances. 2 forts volumes in-18. . . . . 3 fr. 50

FREEMAN (E.-A.). Le développement de la constitution anglaise, depuis les temps les plus reculés jusqu'à nos jours. 1 vol. in-18. . . 3 fr. 50

GROTIUS. Le droit de la guerre et de la paix. 3 vol. in-18. . . 7 fr. 50

KLUBER (J.-H.) Droit des gens moderne de l'Europe. In-18. 2 fr. 50

LAVERGNE (L. de), de l'Institut. Économie rurale de la France depuis 1789. 4ᵉ édition, revue et augmentée. 1 vol. in-18. . . . . 3 fr. 50
— L'agriculture et la population. 2ᵉ édition. 1 vol. in-18. . . . 3 fr. 50

LEYMARIE (A.). Tout par le travail. 2ᵉ édition. 1 vol. in-18. . . 3 fr.

MARTENS (G.-F. de). Précis du droit des gens moderne de l'Europe. 2ᵉ édition. 2 vol in-18. . . . . 4 fr.

MINGHETTI, de l'Institut. Des rapports de l'économie publique avec la morale et le droit, par M. SAINT-GERMAIN LEDUC. 1 vol. in-18. 4 fr. 50

MOREAU DE JONNÈS, de l'Institut. Statistique de l'industrie de la France. 1 vol. in-18. . . . . 3 fr. 50
— La France avant ses premiers habitants. 1 vol. in-18. . . . 3 fr. 50

RAPET (J.-J.). Manuel populaire de morale et d'économie politique. 4ᵉ édition. 1 fort vol. in-18. . . . . 3 fr. 50

REYBAUD (L.). Études sur les réformateurs, ou socialistes modernes. 7ᵉ édition. 2 vol. in-18. . . . . 7 fr.

SAINT-PIERRE (Abbé de). Sa vie et ses œuvres. 1 vol. in-18. 3 fr. 50

SAINT-SIMON. Sa vie et ses travaux, par M. G. HUBBARD, suivis de fragments des plus célèbres écrits de Saint-Simon. 1 vol. in-18. 3 fr.

SAY (J.-B.). Catéchisme d'économie politique. 1 vol. in-18. . . 1 fr. 50

SCHULLER (H.). Les économistes classiques et leurs adversaires *L'économie polit. et la polit. sociale, depuis Adam Smith.* 1 vol. in-18. 2 fr. 50

SMITH (A.). Théorie des sentiments moraux, traduits par la marquise de CONDORCET, suivi d'une *Dissertation sur l'origine des langues*, par la même. Introd. de H. BAUDRILLART, de l'Institut. 1 fort vol. in-18. 3 fr. 50

STIRLING. Philosophie du commerce. Traduit de l'anglais par M. SAINT-GERMAIN LEDUC 1 vol. in-18. . . . . 3 fr.

STUART MILL (J.). La liberté. Traduction et *Introduction*, par M. DUPONT-WHITE. 3ᵉ édition, revue. 1 vol. in-18 . . . . 3 fr. 50
— Le gouvernement représentatif. Traduction et *Introduction*, par M. DUPONT-WHITE. 3ᵉ édition. 1 vol. in-18. . . . . 4 fr.

SUDRE (Alfred) Histoire du communisme. 5ᵉ édition, in-18. . . 3 fr. 50

YOUNG (A.). Voyages en Italie et en Espagne (1787, 1788 et 1789). Traduction LESAGE. 1 vol. in-18. . . . . 3 fr. 50

COLLECTION
D'AUTEURS ÉTRANGERS CONTEMPORAINS

Histoire — Morale — Économie politique — Sociologie

Format in-8. (Pour le cartonnage, 1 fr. 50 en plus.)

BAMBERGER. — **Le Métal argent au XIXᵉ siècle**. Traduction par M. Raphael-Georges Lévy. 1 vol. Prix, broché . . . . . . 6 fr. 50

C. ELLIS STEVENS. — **Les Sources de la Constitution des États-Unis** *étudiées dans leurs rapports avec l'histoire de l'Angleterre et de ses Colonies*. Traduit par Louis Vossion. 1 vol. in-8. Prix, broché. 7 fr. 50

GOSCHEN. — **Théorie des Changes étrangers**. Traduction et préface de M. Léon Say. *Quatrième édition française* suivie du *Rapport de 1875 sur le paiement de l'indemnité de guerre*, par le même. 1 vol. Prix, broché . . . . 7 fr. 50

HERBERT SPENCER. — **Justice**. *3ᵉ édition* Trad. de M. E. Castelot. 1 vol. Prix, broché . . . . 7 fr. 50

HERBERT SPENCER. — **La Morale des différents Peuples et la Morale personnelle**. Traduction de MM. Castelot et E. Martin Saint-Léon. 1 vol. Prix, broché . . . . 7 fr. 50

HERBERT SPENCER. — **Les Institutions professionnelles et industrielles**. Traduit par Henri de Variony. 1 vol. in-8. Prix, br. 7 fr. 50

HERBERT SPENCER. — **Problèmes de Morale et de Sociologie**. Traduction de M. H. de Variony. 2ᵉ édit. 1 vol. Prix, broché. . 7 fr. 50

HERBERT SPENCER. — **Du Rôle moral de la Bienfaisance**. (*Dernière partie des principes de l'éthique*). Traduction de MM. E. Castelot et E. Martin Saint-Léon. 1 vol. Prix, broché . . . . 7 fr. 50

HOWELL. — **Le Passé et l'Avenir des Trade Unions**. *Questions sociales d'aujourd'hui*. Traduction et préface de M. Le Cour Grandmaison. 1 vol. Prix, broché . . . . 5 fr. »

KIDD. — **L'évolution sociale**. Traduit par M. P. Le Monnier. 1 vol. in-8. Prix, broché. . . . . 7 fr. 50

NITTI. — **Le Socialisme catholique**. Traduit avec l'autorisation de l'auteur. 1 vol. Prix, broché . . . . 7 fr. 50

RUMELIN. — **Problèmes d'Économie politique et de Statistique**. Traduit par Ar. de Riedmatten. 1 vol. Prix, broché. . . . . . 7 fr. 50

SCHULZE GAVERNITZ. — **La grande Industrie**. Traduit de l'allemand. Préface par M. G. Guéroult. 1 vol. Prix, broché. . . . . . 7 fr. 50

W.-A. SHAW. — **Histoire de la Monnaie (1252-1894)**. Traduit par M Ar. Raffalovich. 1 vol. Prix, broché . . . . 7 fr. 50

THOROLD ROGERS. — **Histoire du Travail et des Salaires en Angleterre depuis la fin du XIIIᵉ siècle**. Traduction avec notes par E. Castelot. 1 vol. in-8. Prix, broché . . . . 7 fr. 50

WESTERMARCK. — **Origine du Mariage dans l'espèce humaine**. Traduction de M. H. de Variony. 1 vol. Prix broché. . . . . . . 11 fr.

A.-D. WHITE. — **Histoire de la Lutte entre la Science et la Théologie**. Traduit et adapté par MM. H. de Variony et G. Adam. 1 vol. in-8. Prix, broché . . . . 7 fr. 50

PETITE BIBLIOTHÈQUE
ÉCONOMIQUE
FRANÇAISE ET ÉTRANGÈRE

PUBLIÉE SOUS LA DIRECTION DE M. J. CHAILLEY-BERT

PRIX DE CHAQUE VOLUME IN-32, ORNÉ D'UN PORTRAIT
Cartonné toile. . . . . **2 fr. 50**

XVIII VOLUMES PUBLIÉS

I. — VAUBAN. — Dîme royale, par G. MICHEL.

II. — BENTHAM. — Principes de Législation, par Mlle RAFFALOVICH.

III. — HUME. — Œuvre économique, par Léon SAY.

IV. — J.-B. SAY. — Économie politique, par H. BAUDRILLART, de l'Institut.

V. — ADAM SMITH. — Richesse des Nations, par COURCELLE-SENEUIL, de l'Institut.

VI. — SULLY. — Économies royales, par M. J. CHAILLEY-BERT.

VII. — RICARDO. — Rentes, Salaires et Profits, par M. P. BEAURÉGARD, de l'Institut.

VIII. — TURGOT. — Administration et Œuvres économiques, par M. L. ROBINEAU.

IX. — JOHN-STUART MILL. — Principes d'économie politique, par M. L. ROQUET.

X. — MALTHUS. — Essai sur le principe de population, par M. G. de MOLINARI.

XI. — BASTIAT. — Œuvres choisies, par M. de FOVILLE, de l'Institut.

XII. — FOURIER. — Œuvres choisies, par M. Ch. GIDE.

XIII. — F. LE PLAY. — Économie sociale, par M. F. AUBURTIN.

XIV. — COBDEN. — Ligue contre les lois, Céréales et Discours politiques, par Léon SAY, de l'Académie française.

XV. — KARL MARX. — Le Capital, par M. VILFREDO PARETO.

XVI. — LAVOISIER. — Statistique agricole et projets de réformes, par MM. SCHELLE et Ed. GRIMAUX, de l'Institut.

XVII. — LÉON SAY. — Liberté du Commerce, finances publiques, par M. J. CHAILLEY-BERT.

XVIII. — QUESNAY. — La Physiocratie, par M. Yves GUYOT.

Chaque volume est précédé d'une introduction et d'une étude biographique, bibliographique et critique sur chaque auteur.

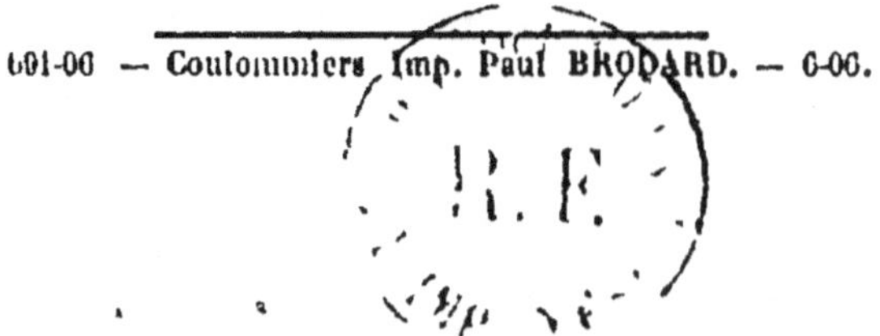

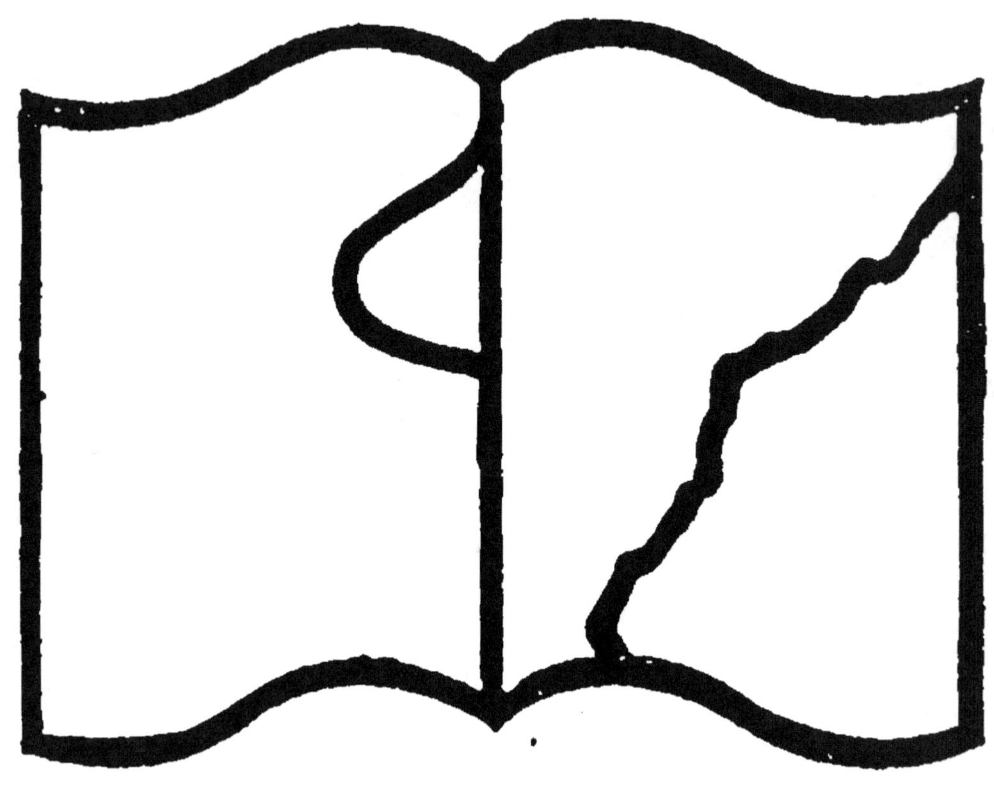

Texte détérioré — reliure défectueuse
NF Z 43-120-11

BIBLIOTHÈQUE DE PHILOSOPHIE CONTEMPORAINE
Volumes in-16; chaque vol. broché : 2 fr. 50.
EXTRAIT DU CATALOGUE

Herbert Spencer.
ssifical. des sciences. 8° éd.
ndividu contre l'Etat. 7° éd.
Th. Ribot.
psych. de l'attention. 9° éd.
phil. de Schopen. 10° éd.
s mal. de la mém. 18° édit.
s mal. de la volonté. 22° éd.
l. de la personnalité. 12° éd.
Hartmann (E. de).
religion de l'avenir. 6° éd
Darwinisme. 8° édit.
Schopenhauer.
sai sur le libre arbitre. 9° ed.
nd. de la morale. 8° édit.
nsées et fragments 21° éd.
rivains et style.
r la religion.
L. Liard.
giciens angl. contem. 3° éd.
finitions géomét. 3° éd.
A. Binet.
psychol. du raisonn. 3° édit.
Mosso.
peur. 3° édit
fatigue. 5° édit.
G. Tarde
criminalité comparée. 5° éd.
s transform. du droit. 4° ed.
s lois sociales. 4° ed.
Ch. Richet.
chologie générale 6° éd
J.-M. Guyau.
nèse de l'idée de temps. 2° éd.
Tissié.
s rêves. 2° édit
J. Lubbock
bonheur de vivre (2 v) 9° éd.
mploi de la vie. 6° édit.
Queyrat.
magination chez l'enfant.
bstraction dans l'éduc.
caractères et l'éducation
orale. 2° éd.
logique chez l'enfant. 2° éd.
jeux des enfants.
Wundt.
pnot. et suggestion. 3° éd.
Guillaume de Greef.
lois sociologiques. 3° édit.
Gustave Le Bon.
s psychol. de l'évolution
es peuples. 7° édit
chologie des foules. 11° ed.
E. Durkheim.
gles de la méth. soc. 3° éd.
P.-F. Thomas.
suggestion et l'éduc. 3° éd.
rale et education. 2° éd.
R. Allier.
los. d'Ernest Renan. 2° édit.
Lange.
s émotions. 2° éd.
E. Boutroux.
nting. des lois de la nature.

L. Dugas.
Le psittacisme.
La timidité. 3° édition.
Psychologie du rire.
L'absolu.
G. Bouglé.
Les sciences soc. en Allem.
Max Nordau.
Paradoxes psycholog. 5° édit.
Paradoxes sociolog. 4° edit.
Génie et talent. 4° édit.
G. Richard.
Social et science sociale. 2° éd.
F. Le Dantec.
Le déterminisme biol. 2° éd.
L'individualité 2° éd.
Lamarckiens et Darwiniens.
Flérens-Gevaert.
Essai sur l'art contemp. 2° éd.
La tristesse contemp. 4° éd
Psychologie d'une ville. 2° éd.
Nouveaux essais sur l'art
contemporain.
A. Cresson.
La morale de Kant 2° éd.
Malaise de la pensée philos.
J. Novicow.
L'avenir de la race blanche.
G. Milhaud.
La certitude logique. 2° éd.
Le rationnel.
H. Lichtenberger.
Philos. de Nietzsche. 9° édit
Frag. et aphor. de Nietzsche.
G. Renard.
Le régime socialiste. 5° édit.
Ossip-Lourié.
Pensées de Tolstoï 2° édit.
Nouvelles pensées de Tolstoï.
La philosophie de Tolstoï.
La philos. sociale dans Ibsen.
Le bonheur et l'intelligence.
G.-L Duprat.
Les causes sociales de la folie.
Le mensonge.
Tanon.
L'évolution du droit. 2° éd.
Bergson
Le rire. 4° éd.
Brunschvicg.
Introd. a la vie de l'esprit 2° éd.
L'idéalisme contemporain.
Mauxion.
L'éduc. par l'instruction 2° éd.
La moralité.
Arréat.
Dix ans de philosophie.
Le sentiment relig. en France
La morale dans le drame. 3° éd.
Art et psychologie individ.
Mémoire et imagination.
Fr. Paulhan.
La fonction de la mémoire.
Psychologie de l'invention.

Les phénomènes affectifs. 2° éd.
Analystes et esprits synthétiq.
Murisier.
Malad. du sentim. relig. 2° éd.
Palante.
Précis de sociologie 3° édit.
Fournière.
Essai sur l'individualisme.
Grasset.
Limites de la biologie. 5° éd.
Encausse
Occult. et Spiritual. 2° éd.
A. Landry
La responsabilité pénale.
**Sully Prudhomme
et Ch. Richet.**
Probl. des causes finales 2° éd.
E. Goblot
Justice et Liberté.
W. James
La théorie de l'émotion 2° éd.
J. Philippe.
L'image mentale.
M. Boucher
Essai sur l'hyperespace 2° éd.
Coste.
Dieu et l'âme. 2° édit.
P. Sollier.
Les phénomènes d'autoscopie.
Roussel-Despierres
L'idéal esthétique.
J. Bourdeau
Maîtres de la pensée contemp.
Socialistes et sociologues.
C.-A. Laisant.
L'éduc. fond. s. la science. 2° éd.
Romaine Paterson.
L'éternel conflit.
A. Réville.
Dogme et divinité de J.-C.
3° éd.
M. Jaëll.
La musique et la psychophy-
siologie.
Mouvements artistiques.
Fouillée.
Propriété soc. et démocratie.
A. Bayet.
La morale scientifique.
G. Geley.
L'être subconscient.
Philippe et Paul-Boncour
Les anomalies mentales chez
les écoliers.
Jankelevitch.
Nature et société.
Dumas
Le sourire.
Delvolve
Organis. de la consc. morale.
Souriau
La rêverie esthétique.